Administración y auditoría de los servicios de mensajería electrónica

Beatriz Coronado García

ic editorial

Administración y auditoría de los servicios de mensajería electrónica
© Beatriz Coronado García

1ª Edición

© IC Editorial, 2025

Editado por: IC Editorial
c/ Cueva de Viera, 2, Local 3
Centro Negocios CADI
29200 Antequera (Málaga)
Teléfono: 952 70 60 04
Fax: 952 84 55 03
Correo electrónico: iceditorial@iceditorial.com
Internet: www.iceditorial.com

ISBN: 978-84-1184-689-9
Depósito Legal: MA 495-2025

Impresión: PODiPrint
Impreso en Andalucía – España

Nota de la editorial: IC Editorial pertenece a Innovación y Cualificación S. L.

Presentación del manual

El **Certificado de Profesionalidad** es el instrumento de acreditación, en el ámbito de la Administración laboral, de las cualificaciones profesionales del Catálogo Nacional de Cualificaciones Profesionales adquiridas a través de procesos formativos o del proceso de reconocimiento de la experiencia laboral y de vías no formales de formación.

El elemento mínimo acreditable es la **Unidad de Competencia.** La suma de las acreditaciones de las unidades de competencia conforma la acreditación de la competencia general.

Una **Unidad de Competencia** se define como una agrupación de tareas productivas específica que realiza el profesional. Las diferentes unidades de competencia de un certificado de profesionalidad conforman la **Competencia General,** definiendo el conjunto de conocimientos y capacidades que permiten el ejercicio de una actividad profesional determinada.

Cada **Unidad de Competencia** lleva asociado un **Módulo Formativo,** donde se describe la formación necesaria para adquirir esa **Unidad de Competencia,** pudiendo dividirse en **Unidades Formativas.**

El presente manual desarrolla la Unidad Formativa **UF1274: Administración y auditoría de los servicios de mensajería electrónica,**

perteneciente al Módulo Formativo **MF0496_3: Administración de servicios de mensajería electrónica,**

asociado a la unidad de competencia **UC0496_3: Instalar, configurar y administrar servicios de mensajería electrónica,**

del Certificado de Profesionalidad **Administración de servicios de internet.**

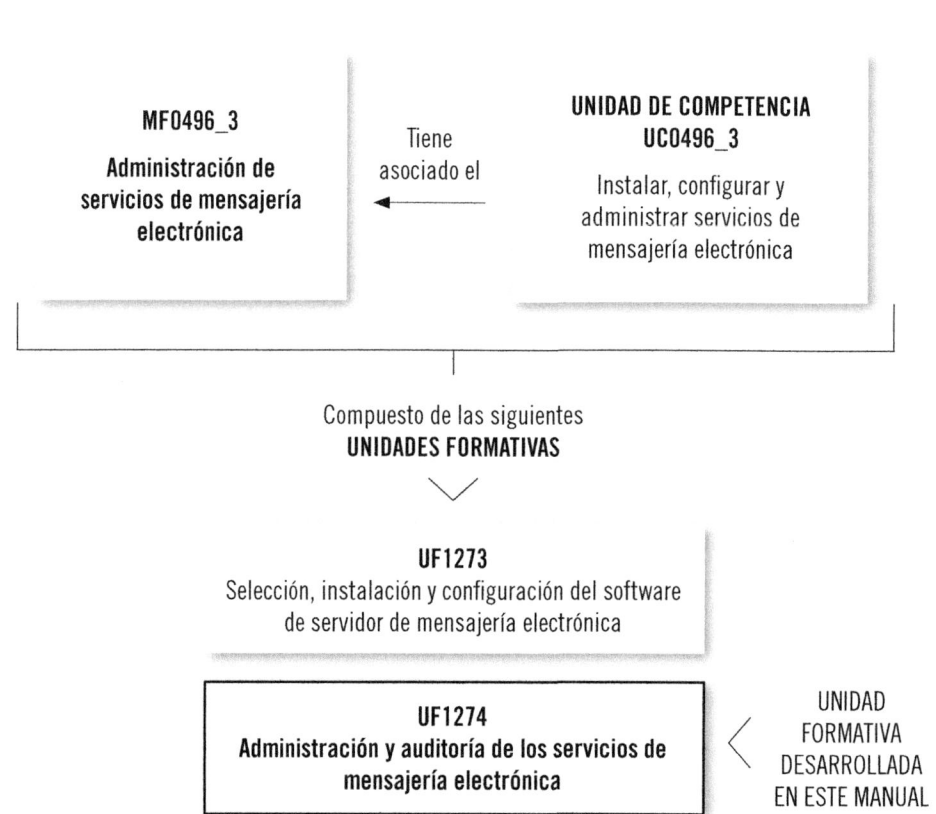

FICHA DE CERTIFICADO DE PROFESIONALIDAD

(IFCT0509) ADMINISTRACIÓN DE SERVICIOS DE INTERNET (R. D. 686/2011, de 13 de mayo modificado por R. D. 628/2013, de 2 de agosto)

COMPETENCIA GENERAL: Instalar, configurar, administrar y mantener servicios comunes de provisión e intercambio de información utilizando los recursos de comunicaciones que ofrece Internet.

Cualificación profesional de referencia		Unidades de competencia	Ocupaciones o puestos de trabajo relacionados:
IFC156_3 ADMINISTRACIÓN DE SERVICIOS DE INTERNET (R. D. 1087/2005, de 16 de septiembre)	UC0495_3	Instalar, configurar y administrar el software para gestionar un entorno Web	• Administrador de servicios de Internet • Administrador de entornos Web (webmaster) • Administrador de servicios de mensajería electrónica (postmaster) • Técnico de sistemas de Internet
	UC0496_3	Instalar, configurar y administrar servicios de mensajería electrónica	
	UC0497_3	Instalar, configurar y administrar servicios de transferencia de archivos y multimedia	
	UC0490_3	Gestionar servicios en el sistema informático	

Correspondencia con el Catálogo Modular de Formación Profesional

Módulos certificado	Unidades formativas	Horas
MF0495_3: Administración de servicios Web	UF1271: Instalación y configuración del software de servidor Web	90
	UF1272: Administración y auditoría de los servicios Web	90
MF0496_3: Administración de servicios de mensajería electrónica	UF1273: Selección, instalación y configuración del software de servidor de mensajería electrónica	60
	UF1274: Administración y auditoría de los servicios de mensajería electrónica	60
MF0497_3: Administración de servicios de transferencia de archivos y contenidos multimedia	UF1275: Selección, instalación, configuración y administración de los servidores de transferencia de archivos	70
	UF1276: Selección, instalación, configuración y administración de los servidores multimedia	50
MF0490_3: Gestión de servicios en el sistema informático		90
MP0267: Módulo de prácticas profesionales no laborales		80

Índice

Capítulo 4
Securización del sistema

Bloque 2
Auditoría y resolución de incidencias sobre los servicios de mensajería electrónica

Capítulo 5
Auditoría

Capítulo 6
Técnicas de resolución de incidentes

Capítulo 7
**Análisis y utilización de herramientas para
la resolución de incidencias**

Bloque 1
Administración del sistema de correo

Capítulo 1
Administración del sistema

Contenido

1. Introducción

En este capítulo se va a profundizar en los principios fundamentales y las técnicas aplicadas en la gestión de cuentas y recursos de almacenamiento en sistemas de correo electrónico.

La gestión efectiva de cuentas de usuario es esencial para mantener la seguridad y la eficiencia operativa de los sistemas de correo electrónico. Esto implica la creación, administración y eliminación de cuentas de usuario, asignando a cada una identificadores únicos y contraseñas seguras. Cada cuenta debe configurarse con permisos que reflejen adecuadamente el rol y las responsabilidades del usuario dentro de la organización. Además, deben implementarse medidas de seguridad como la autenticación multifactor y auditorías regulares para proteger las credenciales de acceso y asegurar la integridad del sistema. Estas prácticas previenen el acceso no autorizado y ayudan en la monitorización de actividades sospechosas, garantizando así un entorno de correo electrónico seguro.

En términos de almacenamiento, el capítulo discutirá cómo se asigna y regula el espacio necesario para las cuentas de usuario. Las políticas de cuotas y retención son vitales para gestionar la capacidad de almacenamiento de manera efectiva, evitando la saturación de los recursos disponibles. Además, se explorarán técnicas de optimización del almacenamiento como la compresión de archivos y la eliminación de correos electrónicos duplicados o innecesarios, lo cual es fundamental para mantener un rendimiento óptimo del sistema de correo.

Es este capítulo también se examinarán las diferencias en la gestión de sistemas de correo electrónico en distintas plataformas, como *Microsoft Exchange* en *Windows, hMailServer* también en *Windows* y *Postfix* en *Linux*. Cada una de estas plataformas ofrece herramientas y características específicas que facilitan la gestión de correos y cuentas de usuario de acuerdo con las necesidades de la organización.

2. Gestión de cuentas de usuario

La administración de cuentas de usuario en sistemas de correo incluye varias tareas clave:

- **Establecimiento de cuentas:** los administradores deben crear cuentas de usuario asignando identificadores, correos electrónicos y contraseñas seguras.
- **Determinación de permisos:** cada cuenta recibe permisos basados en el rol del usuario, que pueden variar desde acceso completo hasta limitaciones específicas, como solo recibir correos.
- **Desactivación y borrado de cuentas:** es esencial que los administradores puedan desactivar o eliminar cuentas por razones como cambios laborales o infracciones de políticas.
- **Implementación de restricciones:** las cuentas pueden tener limitaciones, como restricciones en el tamaño del buzón, cuotas de almacenamiento o límites en el envío de correos masivos.
- **Seguridad y autenticación:** involucra proteger las credenciales de acceso mediante autenticación multifactor, políticas de contraseñas fuertes y auditorías de seguridad regulares.
- **Vigilancia y auditoría:** los administradores deben monitorear el uso de las cuentas, identificar comportamientos anómalos y realizar auditorías frecuentes para mantener la seguridad del sistema.

A continuación, se abordará la gestión de cuentas de usuario en sistemas de correo electrónico, explorando el uso de *Microsoft Exchange online* y *hMailServer* en el contexto de *Microsoft Windows* y del servidor de correo electrónico de código abierto *Postfix,* que funciona sobre *Ubuntu Server 24.04 LTS,* en el contexto de *Linux.*

2.1. *Microsoft Exchange Online* en *Windows*

La gestión de cuentas de usuario en *Exchange Server* se realiza generalmente a través del centro de administración de *Exchange* (EAC) o mediante *PowerShell.*

A continuación, se expone el proceso para administrar cuentas de usuario en *Exchange Online:*

1. Iniciar sesión en el centro de administración de *Microsoft 365:* para hacer esto, son necesarias las credenciales de administrador. Una vez que se haya iniciado sesión, se dirige al panel de control del centro de administración.

2. Navegar a la sección **Usuarios activos:** en el panel de control, busca la sección **Usuarios activos.**

3. Crear una cuenta de usuario: para crear una nueva cuenta de usuario, se hace clic en **Agregar un usuario.** A continuación, se rellenan los detalles del nuevo usuario.

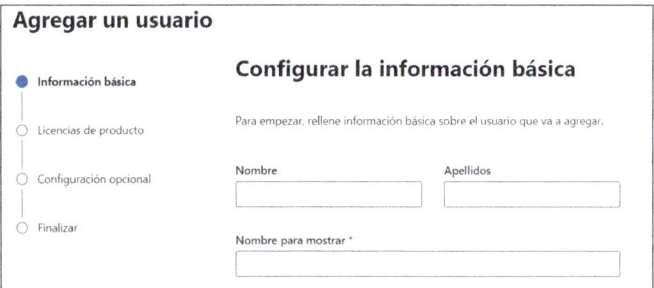

4. Eliminar una cuenta de usuario: para eliminar una cuenta de usuario, se selecciona el usuario que se desea eliminar y se hace clic en **Eliminar usuario.** Ten en cuenta que esto también eliminará todos los datos asociados con la cuenta.

Nota

Microsoft Exchange Online es un servicio de pago que ofrece varios planes. Por otro lado, *hMailServer* y *Postfix* son servidores de correo electrónico de código abierto y gratuitos.

2.2. *hMailServer* en *Windows*

En *hMailServer,* la gestión de cuentas de usuario se realiza mediante la herramienta de administración. Una vez configurado el *software,* permite la creación y gestión de cuentas de correo electrónico, estableciendo nombres de usuario, contraseñas y configuraciones de acceso IMAP/POP3 para los usuarios.

A continuación, se explica paso por paso el proceso de descarga y acceso a la administración de cuentas:

1. Visitar la página de descargas de *hMailServer* en:

https://redirectoronline.com/uf12740101

2. Seleccionar la última versión estable del *software* (versión 5.6.8):

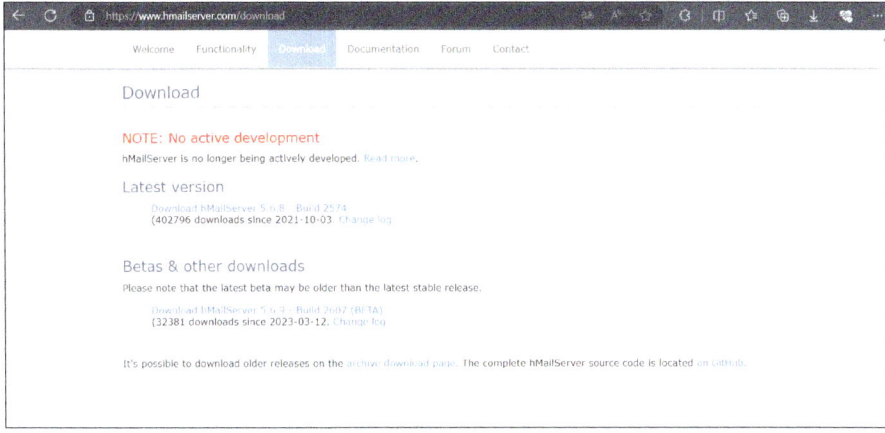

3. Guardar el archivo de instalación en el sistema local.
4. Localizar el archivo descargado y hacer doble clic sobre él para iniciar el proceso de instalación:

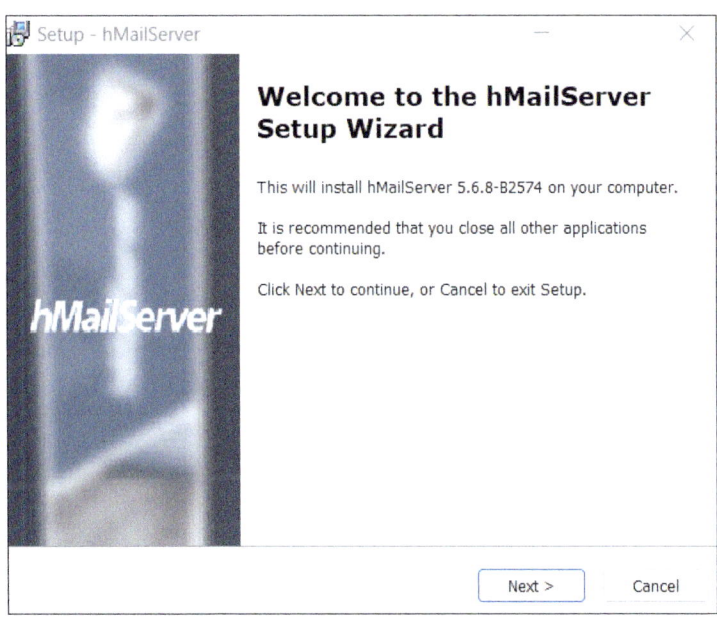

5. Seguir el asistente de instalación.

6. Elegir si se desea utilizar una base de datos interna o externa. Para que la configuración sea más simple y menos demandante, se puede optar por la base de datos interna que proporciona *hMailServer:*

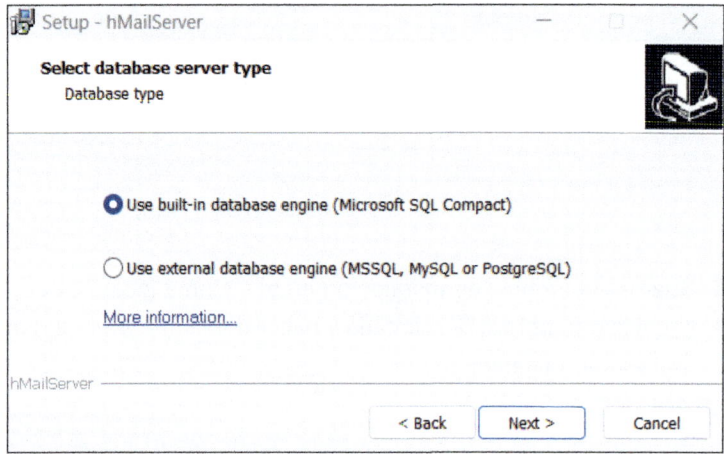

7. Configuración de contraseña de administración: establecer una contraseña para la cuenta de administración de *hMailServer:*

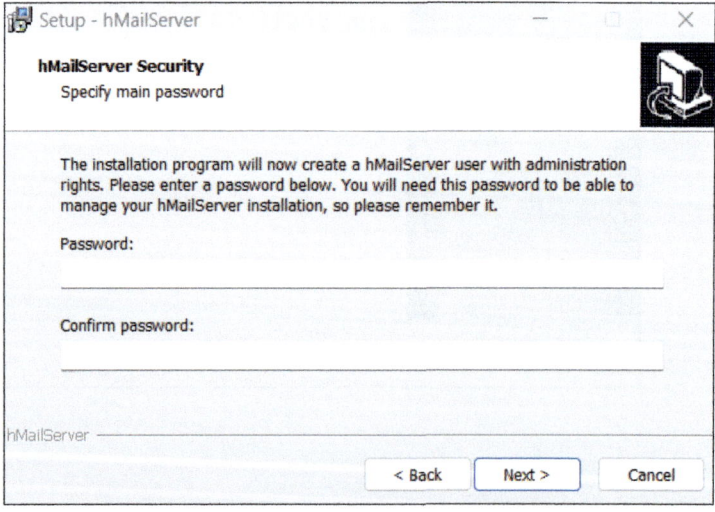

8. Finalizar la instalación. Completar el proceso de instalación y cerrar el asistente:

9. Encontrar el acceso directo en el menú de inicio y abrir la herramienta de administración de *hMailServer:*

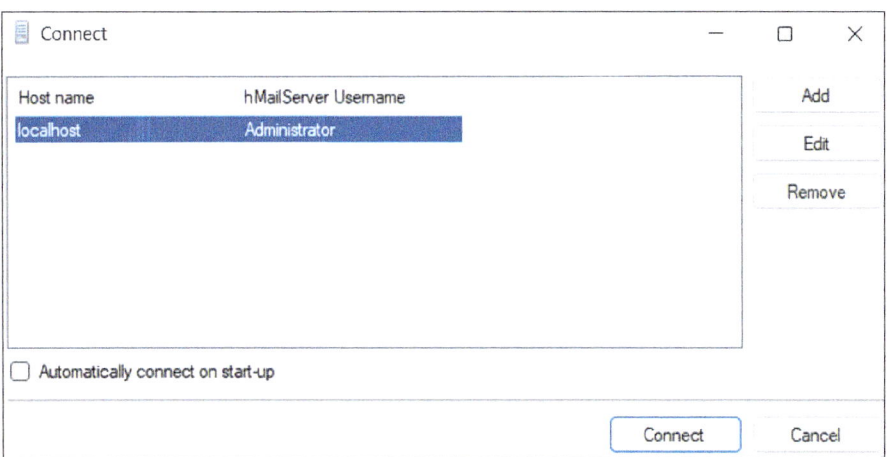

10. Utilizar la contraseña de administrador establecida durante la instalación para conectar a *hMailServer:*

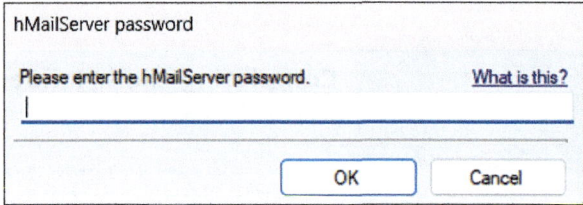

11. Agregar un nuevo dominio: ir a **Domains → Add** y especificar el nombre del dominio:

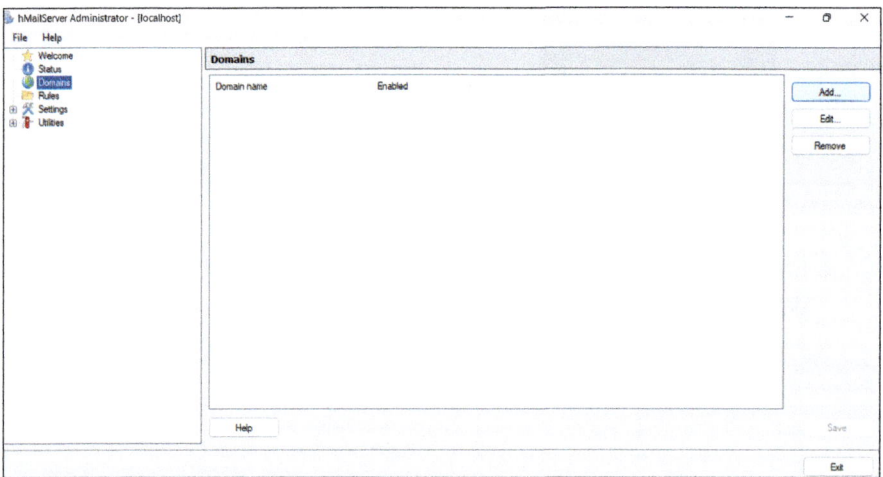

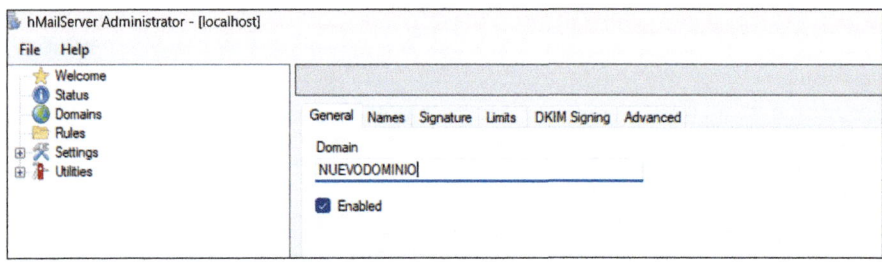

12. Dentro del dominio, agregar cuentas de usuario proporcionando nombres de usuario y contraseñas:

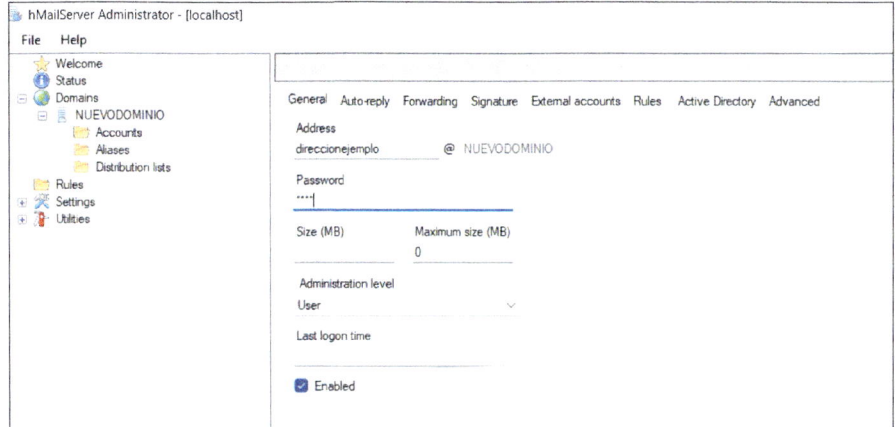

 **Importante**

Si hay problemas durante la instalación o el sistema indica que no se puede instalar *.NET Framework 2.0* debido a la versión de *Windows*, es posible que sea necesario habilitar la versión específica de *.NET Framework* a través de las características de *Windows*. En *Windows 10* y *11*, esto se puede hacer desde **Activar o desactivar las características de Windows** en el panel de control.

2.3. *Postfix* en *Ubuntu Server 24.04 LTS*

La gestión de cuentas de usuario en *Postfix* se realiza generalmente a través de la línea de comandos.

 **Nota**

Si aún no tienes descargado *Postfix,* puedes hacerlo a través del siguiente enlace:

https://redirectoronline.com/uf12740102

Algunas opciones disponibles en *Postfix* para la gestión de cuentas son las siguientes:

1. Crear una cuenta de usuario: para crear una nueva cuenta de usuario, se puede utilizar el comando **adduser** en la terminal. Aquí está el comando y un ejemplo de cómo usarlo:

```
sudo adduser nombre_de_usuario
```

Este comando creará un nuevo usuario y un grupo con el mismo nombre, y también un directorio home para el nuevo usuario.

2. Modificar una cuenta de usuario: para cambiar la configuración de la cuenta de usuario, como el nombre y las contraseñas, se puede utilizar el comando **usermod.**
A continuación, se presenta el comando y un ejemplo de cómo usarlo:

```
sudo usermod opciones nombre_de_usuario
```

Por ejemplo, para cambiar el nombre de un usuario, se puede utilizar la opción -l (nuevo nombre de inicio de sesión):

```
sudo usermod -l nuevo_nombre nombre_de_usuario
```

3. Eliminar una cuenta de usuario: para eliminar una cuenta de usuario, se puede utilizar el comando **deluser.** A continuación, se expone el comando y un ejemplo de cómo usarlo:

```
sudo deluser nombre_de_usuario
```

Este comando eliminará al usuario y su directorio home.

Los sistemas de correo electrónico como *Microsoft Exchange, hMailServer* y *Postfix,* usados principalmente en entornos empresariales, requieren instalación y mantenimiento en servidores propios, lo cual permite una gestión detallada y personalizable del correo, adaptada a necesidades específicas de seguridad e integración corporativa. En contraste, servicios basados en la nube como *Gmail, Outlook* e *iCloud Mail,* gestionados por sus respectivos proveedores, son accesibles globalmente a través de internet sin necesidad de infraestructura propia, y ofrecen facilidad de uso y menor personalización. *Microsoft Exchange Server, hMailServer* y *Postfix* requieren gestión interna, mientras que, por ejemplo, *Gmail, Outlook* e *iCloud Mail* son más sencillos de manejar y no necesitan mantenimiento directo de *hardware* ni de *software.*

En general, un sistema de correo comprende *software* y *hardware* para gestionar el envío y recepción de correos. Varían desde aplicaciones individuales hasta complejas *suites* de servidores.

Ejemplo

A continuación, se muestran algunos ejemplos de varios sistemas de correo electrónico basados en la nube:

▪ **Gmail:** con más de 1.200 millones de usuarios en el mundo, es el servicio de correo electrónico predilecto por su simplicidad, efectiva protección contra el *spam* y el *malware*, y su integración con otros servicios de *Google,* incluyendo *Google Drive, Google Docs* y *Google Calendar.*

▪ **Outlook.com:** se posiciona como una alternativa ampliamente utilizada, conocida por su interfaz amigable, integración con *Microsoft Office* y robusta seguridad contra el *spam* y los virus.

Continúa en página siguiente >>

<< Viene de página anterior

▎ *iCloud Mail:* es la propuesta de correo electrónico de Apple. Se integra a la perfección con otros servicios de *iCloud*, representando una opción idónea para quienes utilizan dispositivos de Apple.

Aplicación práctica

Un administrador de sistemas sigue los pasos para instalar *hMailServer* en un sistema *Windows 10*. Después de completar la instalación, intenta abrir la herramienta de administración de *hMailServer,* pero recibe un mensaje de error: no se puede iniciar la aplicación debido a la falta de *.NET Framework 2.0*.

¿Cuál fue el error cometido por el administrador durante el proceso de instalación?

SOLUCIÓN

El error cometido por el administrador fue no verificar y asegurar que *.NET Framework 2.0* estuviera habilitado en *Windows 10* antes de proceder con la instalación de *hMailServer*. Este *framework* es necesario para el correcto funcionamiento del *software*.

 **Actividades**

1. ¿Cuáles son los pasos para agregar y eliminar cuentas de usuario en *Microsoft Exchange Online* utilizando el centro de administración de *Exchange?*
2. ¿Cómo se realiza la gestión de cuentas de usuario en *hMailServer,* incluyendo la instalación del *software* y la adición de nuevas cuentas de correo electrónico?

3. Administración de recursos de almacenamiento

La gestión eficaz de los recursos de almacenamiento en los sistemas de correo electrónico es esencial para asegurar un tráfico fluido de mensajes y mantener una capacidad adecuada para el almacenamiento de correos.

Es fundamental asignar el espacio de almacenamiento necesario para cada cuenta, teniendo en cuenta tanto las necesidades específicas de los usuarios como las directrices organizativas. La implementación de cuotas de almacenamiento desempeña un papel importante en la prevención del uso excesivo del espacio. Requiere que los usuarios administren activamente sus correos, ya sea eliminando mensajes antiguos o archivándolos para optimizar el espacio disponible.

Además, las políticas de retención juegan un papel clave, al definir el periodo durante el cual se deben guardar los correos electrónicos antes de que se eliminen automáticamente, basándose en factores como la antigüedad o la relevancia de los mensajes. Para los correos menos urgentes o antiguos, el archivado es una solución eficiente, se trasladan a un almacenamiento de largo plazo sin que ocupen espacio en el buzón principal. Esto ayuda a mantener la bandeja de entrada organizada y asegura que los correos archivados permanezcan accesibles.

La optimización del almacenamiento requiere de una supervisión continua por parte de los administradores para ajustarse a las necesidades cambiantes, lo que puede incluir técnicas como la compresión de archivos adjuntos y la eliminación de duplicados, también la limpieza regular del *spam*.

La seguridad de los datos almacenados, junto con la implementación de medidas de redundancia, es imperativa para proteger contra la pérdida de datos, para asegurar que las copias de seguridad regulares y el almacenamiento distribuido en múltiples servidores salvaguarden contra posibles fallos del sistema.

Importante

Para garantizar una gestión efectiva y segura del almacenamiento en sistemas de correo electrónico, es fundamental seguir una serie de pasos y adoptar buenas prácticas. A continuación, se presenta un ejemplo de procedimiento y algunos consejos para una administración correcta:

▮ Iniciar con una evaluación detallada de las necesidades de almacenamiento de cada usuario.
▮ Asignar espacio de almacenamiento en función de estas necesidades, considerando las actividades diarias y el volumen de correo.
▮ Establecer cuotas de almacenamiento por usuario o grupo para evitar el uso excesivo del espacio.
▮ Configurar alertas para informar a los usuarios cuando se acerquen al límite de su cuota.
▮ Desarrollar políticas de retención de correos electrónicos que especifiquen cuánto tiempo deben conservarse los mensajes antes de ser eliminados automáticamente. Estas políticas deben ser comunicadas claramente a todos los usuarios.
▮ Habilitar soluciones de archivado para trasladar correos antiguos o menos relevantes a un almacenamiento secundario, manteniéndolos accesibles sin consumir espacio primario.
▮ Realizar un seguimiento regular del uso del almacenamiento y realizar ajustes conforme sea necesario.
▮ Optimizar el almacenamiento mediante la compresión de archivos adjuntos y la eliminación de correos duplicados o innecesarios.
▮ Implementar medidas de seguridad, incluyendo copias de seguridad regulares y encriptación de datos.
▮ Asegurar la redundancia mediante el almacenamiento de datos en múltiples ubicaciones físicas o servidores.
▮ Evaluar y ajustar regularmente las políticas de retención de correos electrónicos para alinearlas con las necesidades organizativas y legales.

A continuación, se ofrece una descripción de la administración de recursos de almacenamiento en *Microsoft Exchange Online, hMailServer* y *Postfix.*

3.1. *Microsoft Exchange online*

El centro de administración de *Exchange* (EAC) es una interfaz gráfica web fundamental para la gestión eficiente de *Exchange,* especialmente en lo que respecta a la administración de recursos de almacenamiento. Desde el EAC, los administradores pueden ejecutar una variedad de tareas administrativas clave como la creación, modificación y eliminación de buzones de correo.

Para crear un buzón de correo, hay que dirigirse a la sección **Destinatarios** y hacer clic en **Buzones.** A continuación, se hace clic en el signo + y se siguen las instrucciones:

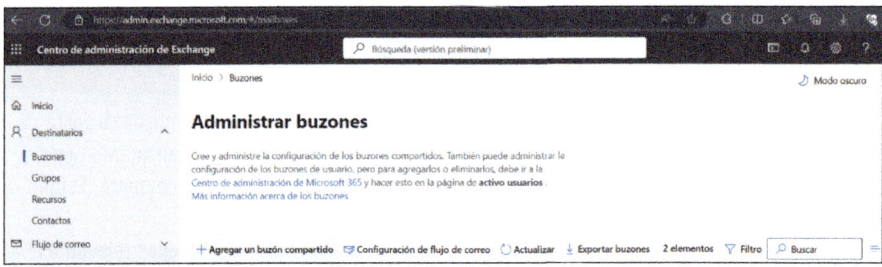

Para modificar un buzón de correo, se selecciona el buzón que se desee modificar y se hace clic en el icono de **Editar.**

Para eliminar un buzón de correo, se selecciona el buzón que se desea eliminar y se hace clic en el icono de **Eliminar.**

Además, el EAC permite la migración de lotes. La relación entre un lote de migración y la gestión del almacenamiento en *Exchange* tiene un impacto significativo en la infraestructura de una organización.

Al crear un lote de migración, los buzones de correo se transfieren del sistema de correo electrónico de origen a *Microsoft 365* u *Office 365,* moviendo efectivamente los datos de almacenamiento del sistema anterior al sistema en la nube. Esta transición permite a las organizaciones beneficiarse de una capacidad de almacenamiento en la nube potencialmente más amplia.

Los lotes de migración permiten mover datos que no requieren acceso inmediato a soluciones de almacenamiento más económicas, al mismo tiempo que se conservan según las necesidades de retención. Además, una vez finalizada la migración es posible eliminar los datos del sistema de origen, lo que libera recursos de almacenamiento.

Para agregar un lote de migración hay que ir a la sección **Migración,** hacer clic en **Lotes de migración** y seguir el proceso según las preferencias:

El monitoreo del uso del almacenamiento también es una capacidad crítica del EAC, que proporciona herramientas para generar informes y alertas cuando se alcancen umbrales específicos de almacenamiento:

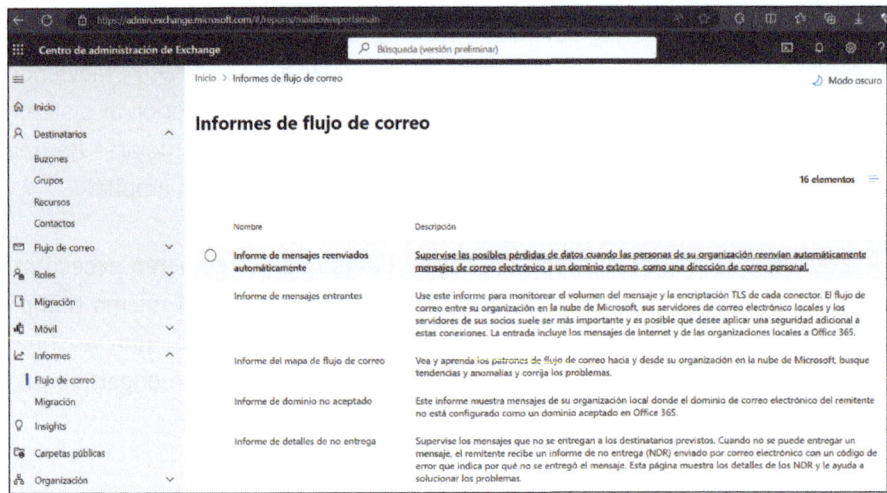

Esto permite a los administradores actuar proactivamente para mantener la eficiencia y estabilidad del entorno de correo.

 **Nota**

Exchange Server incorpora un componente conocido como "almacén administrado", que es responsable de gestionar las bases de datos de buzones de correo. Este almacén establece límites de conexión y uso para evitar que una sola aplicación o usuario monopolice todas las conexiones disponibles.

Además, se establecen límites de sesión específicos basados en las conexiones por base de datos de buzón en el servidor, con un número máximo de subprocesos por base de datos de buzón fijado en 50 y un límite máximo de sesión para cuentas de administrador de 64.000.

3.2. *hMailServer*

En la configuración de SMTP del *hMailServer* se establecen parámetros como el número máximo de conexiones simultáneas y el tamaño máximo de los mensajes. La regulación de estos parámetros facilita la gestión del almacenamiento al limitar el tamaño de los mensajes procesados y el volumen de datos en tránsito a través del servidor.

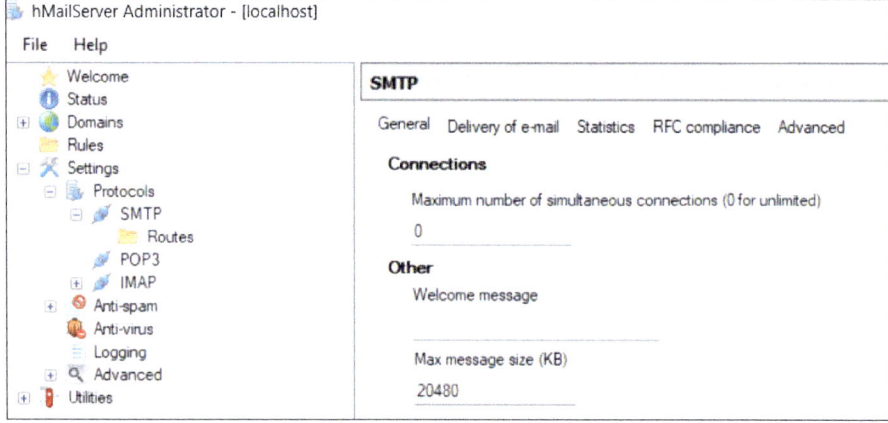

La sección **Delivery of e-mail** permite la configuración de aspectos como el número de reintentos y la configuración de los relés SMTP, factores que influyen en la gestión y almacenamiento de los correos en espera:

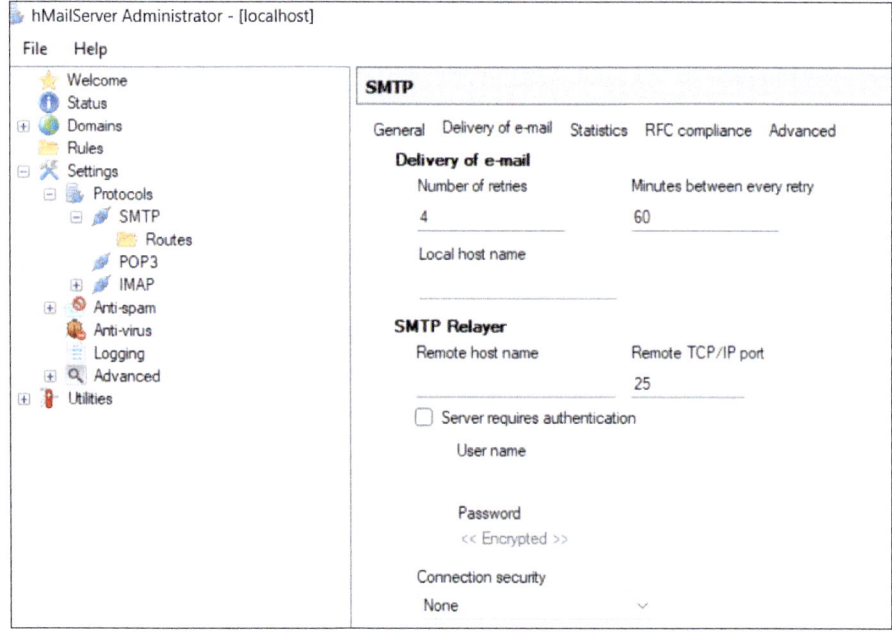

En **Statistics** se ofrece la opción de enviar estadísticas a hMailServer.com cada 1.000 mensajes. Proporciona una herramienta para monitorear el rendimiento del servidor sin comprometer la privacidad o la seguridad, y ofrece una visión general del volumen de tráfico y del uso de recursos de almacenamiento:

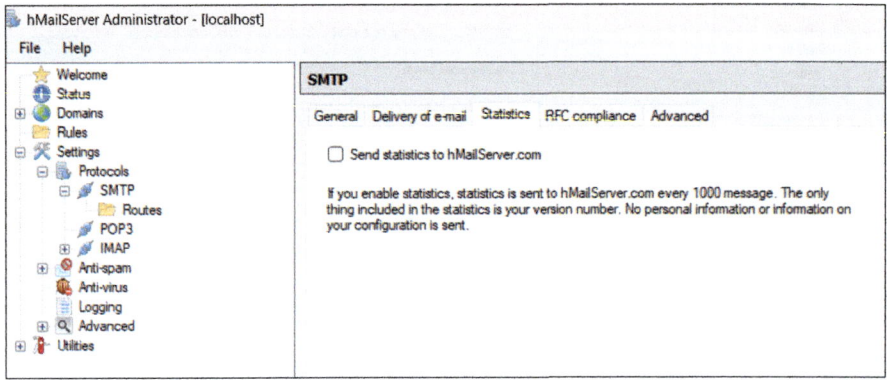

En la pestaña **RFC compliance** se incluyen opciones como permitir la autenticación de texto plano, aceptar direcciones de remitente vacías y manejar finales de línea incorrectamente formateados. Estas configuraciones ayudan a definir la forma en la que el servidor maneja las conexiones y mensajes que no cumplen completamente con los estándares, e impactan la carga de trabajo del servidor y el uso de almacenamiento al procesar y retener mensajes no conformes:

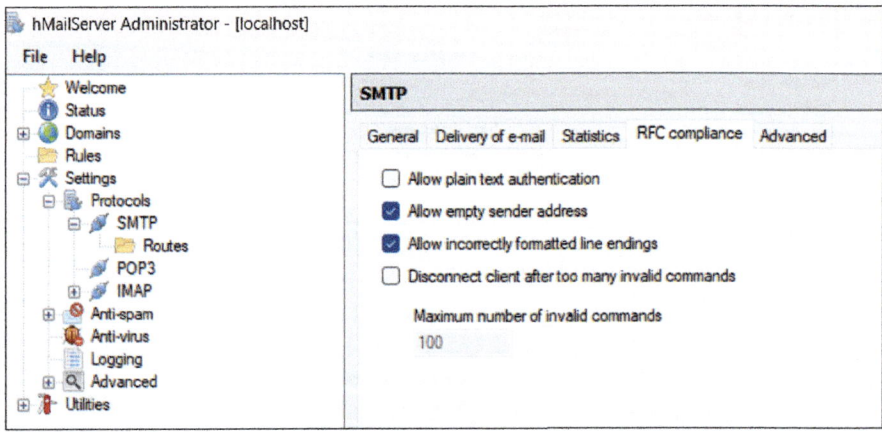

En los ajustes avanzados se puede gestionar la configuración relacionada con la cantidad de destinatarios por lote y el uso de STARTTLS, si está disponible. También se manejan configuraciones como el límite de bucles de reglas y el máximo número de *hosts* receptores, que pueden influir en la gestión del tráfico de red y en cómo se procesan y almacenan los mensajes en el servidor.

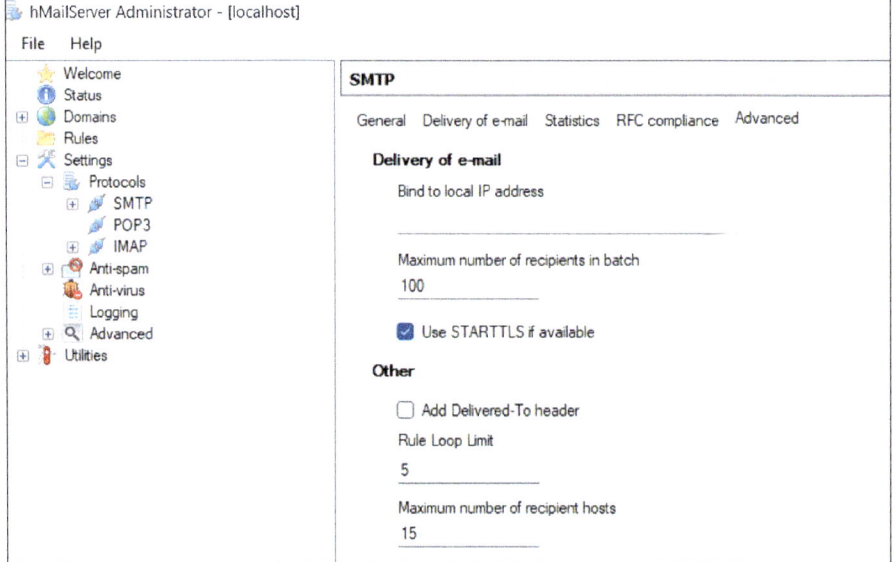

Importante

A continuación, se presenta un glosario de términos mostrados en las imágenes del *hMailServer Administrator* y su significado en español:

▌ *Maximum number of simultaneous connections:*

    ▪ Significado: número máximo de conexiones simultáneas.
    ▪ Descripción: establece el límite de cuántas conexiones pueden estar activas al mismo tiempo en el servidor SMTP.

Continúa en página siguiente >>

<< Viene de página anterior

I *Max message size (KB):*

- **I** Significado: tamaño máximo del mensaje (en KB).
- **I** Descripción: define el tamaño máximo permitido para los mensajes de correo electrónico que se envían a través del servidor.

I *Number of retries:*

- **I** Significado: número de reintentos.
- **I** Descripción: indica cuántas veces el servidor intentará reenviar un correo electrónico si no se entrega en el primer intento.

I *Minutes between every retry:*

- **I** Significado: minutos entre cada reintento.
- **I** Descripción: establece el intervalo de tiempo en minutos que el servidor espera antes de intentar reenviar un correo electrónico.

I *Local host name:*

- **I** Significado: nombre del *host* local.
- **I** Descripción: el nombre del *host* local que se utiliza para identificar el servidor dentro de la red.

I *SMTP Relayer:*

- **I** Significado: relevador SMTP.
- **I** Descripción: especifica un servidor SMTP externo al que *hMailServer* pasará todos los correos electrónicos para su entrega.

I *Send statistics to hMailServer.com:*

- **I** Significado: enviar estadísticas a hMailServer.com.
- **I** Descripción: opción para enviar datos estadísticos sobre el uso del servidor a hMailServer.com para su análisis.

I *Allow plain text authentication:*

- **I** Significado: permitir autenticación de texto plano.
- **I** Descripción: permite que se utilice autenticación de texto plano, lo que puede ser menos seguro que otros métodos de autenticación.

Continúa en página siguiente >>

<< Viene de página anterior

▌ *Allow empty sender address:*

- ▪ Significado: permitir dirección de remitente vacía.
- ▪ Descripción: permite enviar correos electrónicos sin especificar una dirección de remitente.

▌ *Allow incorrectly formatted line endings:*

- ▪ Significado: permitir finales de línea formateados incorrectamente.
- ▪ Descripción: permite que el servidor acepte correos electrónicos que no siguen las normas estándar para los finales de línea.

▌ *Disconnect client after too many invalid commands:*

- ▪ Significado: desconectar cliente después de demasiados comandos inválidos.
- ▪ Descripción: configura el servidor para desconectar a los clientes que envían demasiados comandos inválidos, como medida de seguridad.

▌ *Maximum number of invalid commands:*

- ▪ Significado: número máximo de comandos inválidos.
- ▪ Descripción: establece el número máximo de comandos inválidos que un cliente puede enviar antes de ser desconectado.

3.3. *Postfix*

En *Postfix,* la administración de recursos de almacenamiento se puede manejar eficazmente mediante varios comandos y configuraciones.

A continuación, se presentan algunas de las configuraciones más relevantes que puedes ajustar a través de la línea de comandos para optimizar el uso del almacenamiento en un servidor *Postfix:*

- ■ **mailbox_size_limit:** este comando establece el tamaño máximo de los buzones individuales. El tamaño se especifica en bytes. Configurar un límite ayuda a prevenir que los buzones consuman demasiado espacio en disco.

```
postconf -e 'mailbox_size_limit = tamaño_en_bytes'
```

- **message_size_limit:** define el tamaño máximo para los mensajes individuales que se pueden enviar o recibir. Establecer un límite reduce el riesgo de que correos electrónicos muy grandes ocupen demasiado espacio en el servidor.

```
postconf -e 'message_size_limit = tamaño_en_bytes'
```

- **virtual_mailbox_limit:** configura el tamaño máximo para los buzones virtuales, controlando así el espacio que utilizan en el servidor.

```
postconf -e 'virtual_mailbox_limit = tamaño_en_bytes'
```

- **virtual_mailbox_base:** define la ubicación en el sistema de archivos donde se almacenan los correos electrónicos para los dominios virtuales, lo cual es clave para organizar y administrar el espacio de almacenamiento de manera eficiente.

```
postconf -e 'virtual_mailbox_base = /ruta/al/directorio'
```

- **virtual_mailbox_domains:** esta configuración define los dominios que utilizarán buzones virtuales en el sistema.

```
postconf -e 'virtual_mailbox_domains = dominio.com'
```

- Limpieza y mantenimiento con *postsuper:* elimina correos encolados que no se pueden entregar para liberar espacio significativo en el servidor.

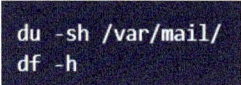

```
postsuper -d ALL deferred
```

- Monitoreo del uso del espacio: monitorea regularmente el espacio utilizado por los directorios de correo ayuda a identificar problemas de capacidad antes de que se conviertan en críticos.

```
du -sh /var/mail/
df -h
```

Ejemplo

Imagine que trabaja en una empresa llamada EditorialEtrix.com, que utiliza *Postfix* para gestionar su correo electrónico.

A continuación, se proporciona un ejemplo detallado de cómo se podrían configurar y administrar los recursos de almacenamiento en *Postfix* para esta empresa:

```
# Establecer el tamaño máximo del buzón para cada usuario a 1GB (1048576000 bytes)
# Esto ayuda a asegurar que ningún usuario ocupe un exceso de espacio en disco.
postconf -e 'mailbox_size_limit = 1048576000'

# Definir el tamaño máximo de cada mensaje a 25MB (26214400 bytes)
# Esto previene que los mensajes extremadamente grandes afecten el rendimiento y el uso del almacenamiento.
postconf -e 'message_size_limit = 26214400'

# Configurar el tamaño máximo de los buzones virtuales también a 1GB
# Mismo límite que para los buzones normales para mantener la consistencia.
postconf -e 'virtual_mailbox_limit = 1048576000'

# Especificar la ubicación base para los buzones virtuales
# Esto organiza todos los buzones virtuales en una sola ubicación, facilitando la gestión del almacenamiento.
postconf -e 'virtual_mailbox_base = /var/mail/vhosts'

# Definir los dominios que utilizarán buzones virtuales
# En este caso, configuramos nuestro dominio "editorialetrix.com".
postconf -e 'virtual_mailbox_domains = editorialetrix.com'

# Limpiar la cola de correos no entregables
# Eliminar todos los correos encolados en estado 'deferred' para liberar espacio.
postsuper -d ALL deferred

# Comandos para monitorear el uso del espacio de almacenamiento
# Ver el espacio utilizado por el directorio de mail y el uso total del disco.
echo "Monitoreo del uso del espacio del directorio /var/mail/vhosts:"
du -sh /var/mail/vhosts

echo "Monitoreo del uso total del espacio en disco:"
df -h

# Estos comandos se ejecutarían en la línea de comando de un servidor Linux donde está instalado Postfix.
# Deben ejecutarse como superusuario o con un usuario que tenga los permisos necesarios para modificar la configuración de Postfix.
```

Aplicación práctica

Una administradora de sistemas está configurando un servidor de correo *Postfix* y necesita gestionar eficientemente el espacio de almacenamiento para asegurar un rendimiento óptimo y evitar problemas de capacidad.

¿Cuál es un paso esencial que la administradora debe realizar para optimizar el uso del almacenamiento y prevenir el consumo excesivo de espacio en el servidor?

SOLUCIÓN

Un paso esencial para optimizar el uso del almacenamiento en un servidor *Postfix* es configurar adecuadamente el **mailbox_size_limit**. Este comando permite a la administradora establecer un tamaño máximo para los buzones individuales, lo cual es fundamental para controlar el espacio que cada usuario puede consumir en el servidor.

4. Gestión de buzones

La creación de buzones representa el primer paso en la administración de estos dentro de un sistema de correo, donde es esencial que cada usuario disponga de un buzón propio. Este proceso generalmente incluye la selección de un nombre de usuario, la creación de una contraseña, y la determinación de los niveles de acceso y permisos correspondientes.

Tras establecer un buzón, es fundamental personalizarlo según las preferencias y requerimientos del usuario. Esto puede abarcar desde la implementación de filtros para organizar los mensajes entrantes hasta la activación de respuestas automáticas o el establecimiento de directivas de reenvío de correos, todo ello con el objetivo de adaptar la experiencia de uso y facilitar la gestión del correo.

La supervisión constante de los buzones constituye otra faceta esencial de su gestión, pues permite detectar a tiempo cualquier incidencia, ya sea por saturación de almacenamiento o la recepción de correo no deseado. Esta vigilancia continua también ofrece la posibilidad de reconocer tendencias de uso, que pueden ser aprovechadas para mejorar la eficiencia del sistema de correo.

Por otro lado, el mantenimiento regular de los buzones, que incluye la eliminación de *spam* y la organización de los correos electrónicos archivados, es vital para asegurar el buen funcionamiento del sistema de correo electrónico.

En última instancia, si un buzón llegase a su límite de capacidad, sería preciso considerar opciones para ampliar su espacio disponible. Esto podría conllevar adquirir almacenamiento adicional o trasladar datos hacia una solución de almacenamiento externa, asegurando así la continuidad y eficacia en la gestión del correo electrónico.

A continuación, se presenta una visión general de cómo se administran los buzones en *Microsoft Exchange Server 2019, hMailServer* y *Postfix*.

4.1. *Microsoft Exchange Server*

Los buzones de usuario en *Exchange Server* son asignados a individuos (lo habitual es uno por persona). Cada buzón está vinculado a una cuenta de *Active Directory* que otorga al usuario el acceso necesario para enviar y recibir correos electrónicos.

La creación de un nuevo buzón de usuario en *Exchange* también implica la generación automática del usuario de *Active Directory* correspondiente.

Los buzones de usuario pueden ser creados a través del centro de Administración de *Exchange* (EAC) o utilizando el *shell* de administración de *Exchange*. Además, es posible importar y exportar buzones a archivos .pst en versiones *Exchange Server 2016* y *2019*.

4.2. hMailServer

hMailServer ofrece opciones como la limitación del tamaño del buzón mediante cuotas en MB, la habilitación de autorrespuestas para períodos de vacaciones o ausencias y el reenvío de correos a otra cuenta.

A continuación, se expone el proceso para realizar estas acciones:

1. Limitación del tamaño del buzón mediante cuotas en MB. Para configurar cuotas de tamaño de buzón en *hMailServer* hay que:

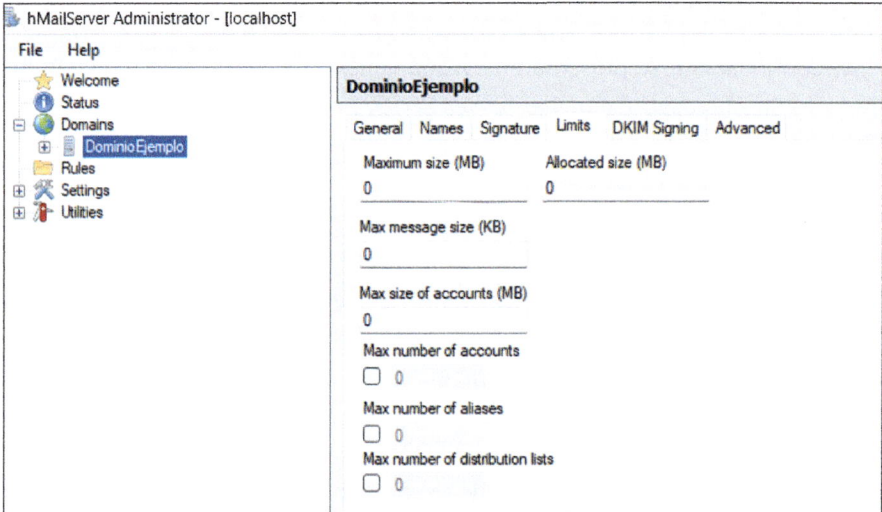

- Abrir *hMailServer Administrator*.
- Navegar a **Domains** y seleccionar el dominio específico para el cual quieres establecer la cuota.
- Hacer clic en la pestaña **Limits.**
- En el campo **Max size (MB),** introducir el límite de tamaño deseado para los buzones en ese dominio.
- Hacer clic en **Save** para guardar los cambios.

2. Habilitación de autorrespuestas para períodos de vacaciones o ausencias. Para configurar autorrespuestas hay que:

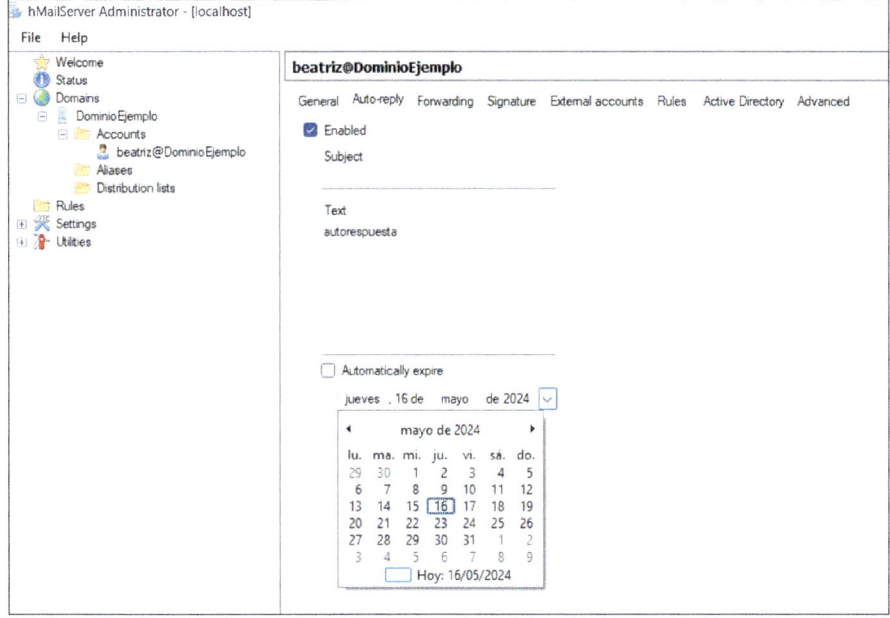

▮ En *hMailServer Administrator,* navegar a **Accounts** dentro del dominio seleccionado.

▮ Seleccionar la cuenta específica para la cual se desea configurar la autorrespuesta.

▮ Ir a la pestaña ***Auto-reply.***

▮ Activar la opción **Enabled.**

▮ Introducir el mensaje de autorrespuesta en el campo de texto proporcionado.

▮ Establecer un intervalo para la autorrespuesta, si es necesario.

▮ Hacer clic en **Save** para aplicar la configuración.

3. Reenvío de correos a otra cuenta. Para configurar el reenvío de correos hay que:

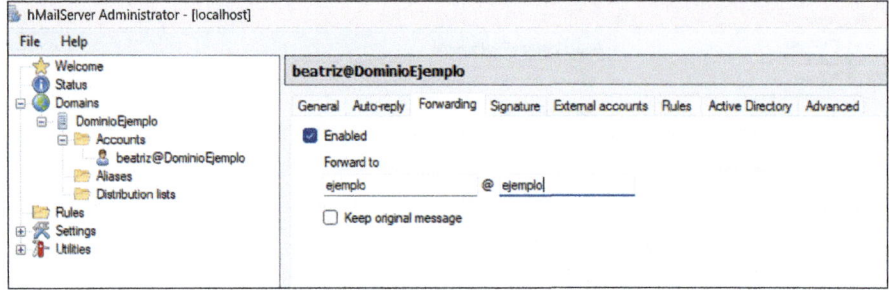

- En *hMailServer Administrator,* navegar a **Accounts** dentro del dominio seleccionado.
- Seleccionar la cuenta a la cual se quiere aplicar el reenvío.
- Ir a la pestaña **Forwarding.**
- Marcar la opción **Enabled.**
- En el campo **Address,** escribir la dirección de correo electrónico a la que se deben reenviar los correos.
- Opcionalmente, se puede decidir si guardar una copia del mensaje en el buzón original.
- Hacer clic en **Save** para guardar la configuración.

4.3. *Postfix*

Al configurar *Postfix* se pueden establecer cuentas de correo electrónico y definir nombres de usuario, contraseñas y opciones de acceso IMAP/POP3. Postfix admite dos modos para manejar el correo de un dominio: la entrega directa a los buzones de usuarios del sistema y la gestión mediante buzones virtuales para usuarios virtuales.

Para configurar *Postfix* y manejar cuentas de correo electrónico con opciones de acceso IMAP/POP3, además configurar la entrega de correos tanto en buzones de usuarios del sistema como en buzones virtuales, se pueden seguir los siguientes pasos:

1. Editar el archivo de configuración principal de *Postfix,* "main.cf", ubicado en /etc/postfix:

```
sudo nano /etc/postfix/main.cf
```

2. A continuación, hay que asegurarse de configurar estas líneas (o editarlas si ya existen). Esta configuración define los parámetros básicos como el nombre de *host,* el dominio y la ubicación local donde se almacenarán los correos:

```
myhostname = mail.editorialetrix.com
mydomain = editorialetrix.com
myorigin = $mydomain
inet_interfaces = all
mydestination = $myhostname, localhost.$mydomain, localhost, $mydomain
home_mailbox = Maildir/
```

3. Configurar buzones locales en el sistema para los usuarios. Los buzones se crean automáticamente para los usuarios del sistema cuando reciben correos. Hay que asegurarse de que cada uno tenga una cuenta en el sistema y que el directorio Maildir esté configurado correctamente en su directorio home.
4. Configurar buzones virtuales. Para ello, se realiza lo siguiente:

   ■ Editar "main.cf":

```
sudo nano /etc/postfix/main.cf
```

   ■ Agregar o editar las siguientes líneas para definir la ubicación de los archivos de configuración de buzones virtuales:

```
virtual_mailbox_domains = /etc/postfix/virtual_domains
virtual_mailbox_maps = hash:/etc/postfix/virtual_mailbox
virtual_alias_maps = hash:/etc/postfix/virtual_alias
virtual_mailbox_base = /var/mail/vhosts
```

▮ Crear o editar los archivos mencionados para configurar los dominios, las cuentas de correo y las redirecciones o alias:
Ejemplo para /etc/postfix/virtual_domains:

```
editorialetrix.com
```

Ejemplo para /etc/postfix/virtual_mailbox:

```
user1@editorialetrix.com editorialetrix.com/user1/
```

Ejemplo para /etc/postfix/virtual_alias:

```
info@editorialetrix.com user1@editorialetrix.com
```

▮ Hay que asegurarse de que los directorios para los buzones virtuales existan:

```
sudo mkdir -p /var/mail/vhosts/editorialetrix.com/user1
```

▮ Para actualizar la base de datos de *Postfix,* después de modificar los archivos de configuración hay que ejecutar:

```
sudo postmap /etc/postfix/virtual_domains
sudo postmap /etc/postfix/virtual_mailbox
sudo postmap /etc/postfix/virtual_alias
```

■ Reiniciar el servicio para aplicar los cambios:

```
sudo systemctl restart postfix
```

Actividades

3. ¿Cómo se implementan las cuotas de almacenamiento en un sistema de correo electrónico para controlar el uso del espacio y qué técnicas adicionales se pueden utilizar para optimizar el almacenamiento?
4. ¿Cuál es el proceso para crear y personalizar un buzón de usuario en *Microsoft Exchange Server* y cómo se relaciona con las cuentas de *Active Directory?*
5. ¿Qué medidas de seguridad y redundancia se deben considerar para proteger los datos almacenados en los sistemas de correo electrónico y asegurar la disponibilidad continua del servicio?

5. Resumen

La administración de cuentas de usuario en sistemas de correo electrónico abarca desde la creación y asignación de identificadores y contraseñas seguras hasta la configuración de permisos específicos según los roles de los usuarios. Se deben implementar medidas para desactivar o eliminar cuentas de manera efectiva, aplicar restricciones como cuotas de almacenamiento y garantizar la seguridad a través de la autenticación robusta y auditorías periódicas.

En entornos *Windows,* herramientas como el centro de administración de *Exchange* en *Microsoft Exchange Online* y *hMailServer* permiten una gestión detallada de cuentas. *Microsoft Exchange* facilita el acceso a opciones de creación y eliminación de usuarios mediante una interfaz gráfica o *PowerShell,* mientras que *hMailServer* proporciona una administración similar para configuraciones de acceso IMAP/POP3. En *Linux,* el sistema *Postfix* sobre *Ubuntu*

Server utiliza comandos de línea para gestionar cuentas y muestra una metodología más técnica y directa.

Comparando con servicios de correo basados en la nube como *Gmail, Outlook* y *iCloud Mail,* estos últimos no requieren instalación ni mantenimiento de *hardware* ni *software,* lo que los hace más accesibles, pero con opciones de personalización limitadas. La sencillez de manejo de estos servicios los hace atractivos para usuarios que valoran la conveniencia sobre la configuración detallada.

En lo que respecta a la administración de recursos de almacenamiento, es vital asignar adecuadamente el espacio necesario para cada cuenta, establecer cuotas y desarrollar políticas de retención para optimizar el uso del espacio. La gestión de buzones también es fundamental; debe personalizarse con filtros, respuestas automáticas y directivas de reenvío, adecuándose a las necesidades del usuario.

La supervisión y mantenimiento constantes de los buzones son necesarios para asegurar su funcionamiento óptimo y considerar la expansión del almacenamiento según sea necesario.

Ejercicios de repaso y autoevaluación

1. ¿Qué es el establecimiento de cuentas en la administración de sistemas de correo electrónico y qué incluye?

_____
_____
_____
_____

2. Mencione dos tareas clave de la administración de cuentas de usuario en sistemas de correo:

_____
_____
_____
_____

3. ¿Cuál es la función principal del centro de administración de Exchange (EAC) en la gestión de un servidor Exchange?

    a. Facilitar la programación automática de respuestas de correo electrónico para usuarios específicos.
    b. Proporcionar una interfaz gráfica web para ejecutar tareas administrativas clave, como la gestión de buzones de correo.
    c. Supervisar la seguridad del servidor Exchange y prevenir ataques cibernéticos.
    d. Aumentar la capacidad de almacenamiento del servidor mediante la compresión de datos.

4. ¿Cómo se crean los buzones de usuario en *Microsoft Exchange Server?*

_____
_____
_____
_____
_____

5. ¿Qué comando hay que utilizar para crear una cuenta de usuario en *Postfix?*

_____

_____

6. ¿Cuál es el beneficio principal de utilizar lotes de migración en el centro de administración de Exchange (EAC) para la gestión del almacenamiento?

   a. Permite una auditoría detallada y un seguimiento en tiempo real de todos los mensajes de correo electrónico enviados y recibidos.
   b. Facilita la transferencia de buzones de correo a *Microsoft 365* u *Office 365,* optimizando la gestión del almacenamiento en la nube.
   c. Incrementa la seguridad de los datos mediante el uso de encriptación avanzada durante la transferencia de buzones.
   d. Reduce el consumo de energía del servidor, al disminuir la cantidad de datos almacenados localmente.

7. Explique brevemente la importancia de la asignación de espacio de almacenamiento en la administración de cuentas de correo electrónico.

_____

_____

_____

_____

8. Enumere dos aspectos que implican la gestión de buzones en sistemas de correo electrónico.

_____

_____

_____

_____

9. ¿Cómo impactan las configuraciones bajo la pestaña RFC compliance en *hMailServer* el rendimiento y la gestión del servidor?

   a. Permitiendo la autenticación de texto plano y otras flexibilidades, estas opciones pueden aumentar la carga de trabajo del servidor, al procesar mensajes que no cumplen con los estándares.
   b. Reduciendo la cantidad de datos que el servidor necesita procesar, al rechazar automáticamente mensajes no conformes.
   c. Aumentando la velocidad de transferencia de mensajes, al eliminar la necesidad de verificar la conformidad con los estándares RFC.
   d. Mejorando directamente la seguridad de los mensajes al asegurar que todos los mensajes cumplan estrictamente con los estándares RFC.

10. Describa la importancia del proceso de autenticación y seguridad en la administración de cuentas de correo electrónico.

_____

_____

_____

_____

11. Explique brevemente la importancia de la vigilancia y auditoría en la administración de cuentas de correo electrónico.

_____

_____

_____

_____

12. En la gestión de buzones de correo, ¿cuál es un elemento importante para personalizar según las necesidades del usuario?

_____

_____

13. ¿Cuál de estas opciones no es una práctica de gestión de almacenamiento de correo electrónico?

    a. Implementación de cuotas de almacenamiento
    b. Restricción de acceso a correos basados en contenido
    c. Políticas de retención
    d. Archivado de correos electrónicos

14. ¿Cuál es la función de la opción Maximum number of simultaneous connections en un servidor SMTP configurado en *hMailServer?*

    a. Determina cuántos correos electrónicos el servidor puede procesar al mismo tiempo.
    b. Establece el límite de cuántas conexiones pueden estar activas simultáneamente en el servidor.
    c. Controla el número máximo de mensajes de correo electrónico que un usuario puede enviar en un día.
    d. Limita el número de mensajes que se pueden reenviar a un servidor SMTP externo.

15. ¿Qué implica la configuración Allow empty sender address en *hMailServer?*

_____

_____

## Capítulo 2

Optimización del rendimiento del sistema

Contenido

1. Introducción

La eficiencia de un sistema de correo electrónico se ve influenciada por el *hardware,* el sistema operativo y las aplicaciones utilizadas. Una infraestructura de *hardware* robusta asegura un procesamiento rápido de los correos, una capacidad de almacenamiento adecuada y una eficaz entrega de mensajes. Por otro lado, la optimización del sistema operativo mediante ajustes en la gestión de la memoria, el manejo de procesos y la configuración de la red, junto con la elección acertada de este, tienen un papel esencial en la mejora del rendimiento. Asimismo, la selección y configuración óptima de las aplicaciones de correo, como servidores SMTP y POP/IMAP, y las herramientas de seguridad, como filtros antivirus y *antispam,* son fundamentales para minimizar tiempos de respuesta y maximizar la eficiencia operativa del sistema.

Para afrontar el crecimiento en el volumen de correos y usuarios es clave adoptar estrategias de escalado eficaces. Esto incluye la separación de servicios en diferentes servidores para optimizar y escalar de manera independiente, el uso de balanceadores de carga para distribuir equitativamente las solicitudes entrantes y garantizar una alta disponibilidad mediante soluciones de *failovers* y *clusters* de servidores.

2. Elementos determinantes del rendimiento: *hardware,* sistema operativo y aplicaciones

Tres componentes clave influyen en el rendimiento de un sistema de correo electrónico: *hardware,* sistema operativo y aplicaciones. Estos elementos interactúan y afectan a cómo se procesan, almacenan y entregan los correos electrónicos, lo cual tiene un impacto directamente la experiencia de quienes los utilizan.

El *hardware* incluye elementos vitales como la CPU, la memoria RAM, el almacenamiento y la red, los cuales determinan la capacidad del sistema para administrar grandes cantidades de datos y la velocidad con la que se procesan y entregan los mensajes. Un sistema de *hardware* bien optimizado permite al sistema de correo operar a su máxima capacidad, al manejar eficientemente las tareas sin retrasos.

El sistema operativo actúa como un puente entre el *hardware* y las aplicaciones de correo. Que esté correctamente configurado y optimizado resulta esencial para el aprovechamiento efectivo de los recursos físicos. Los ajustes en la gestión de la memoria, el procesamiento y las configuraciones de red son fundamentales para la eficacia operativa del sistema, ya que proporciona un ambiente estable y seguro para las aplicaciones de correo.

Las aplicaciones, incluyendo servidores SMTP y POP/IMAP, y herramientas de seguridad, son determinantes en la rapidez de respuesta y la gestión eficiente de los correos. Elegirlas y configurarlas adecuadamente optimiza la conexión y la seguridad sin sacrificar rendimiento.

A continuación, se expone una tabla que ilustra el funcionamiento y la optimización de un sistema de correo electrónico. Se destaca también el papel de cada componente principal:

Componente	Función	Optimización	Importancia
Hardware	Proporciona la infraestructura física necesaria para el procesamiento y almacenamiento de correos electrónicos, así como la red para su transmisión.	Actualizar regularmente para aumentar capacidad de procesamiento y almacenamiento. Asegurar escalabilidad para adaptarse a crecimiento.	Un *hardware* adecuado evita cuellos de botella, permite una operación eficiente incluso con cargas de trabajo elevadas.
Sistema operativo	Actúa como intermediario entre el *hardware* y las aplicaciones, gestionando recursos y proporcionando un entorno seguro y estable para el funcionamiento de las aplicaciones.	Configurar para un uso eficiente de los recursos. Mantener actualizado para seguridad y compatibilidad con aplicaciones modernas.	Un sistema operativo bien configurado mejora la eficiencia operativa, pues aprovecha al máximo el *hardware* y proporciona seguridad.

Continúa en página siguiente >>

<< Viene de página anterior

Componente	Función	Optimización	Importancia
Aplicaciones	Incluyen servidores SMTP, POP/IMAP y herramientas de seguridad. Gestionan el envío, la recepción y la seguridad de los correos.	Seleccionar aplicaciones eficientes y configurarlas para una gestión rápida de correos. Implementar medidas de seguridad avanzadas.	Si las aplicaciones están optimizadas, aseguran tiempos de respuesta rápidos y una gestión eficaz de los mensajes, lo que sirve para mantener la seguridad del sistema.

Estos componentes, al unirse, crean el ecosistema del sistema de correo electrónico, cuya selección, configuración y mantenimiento adecuados son esenciales para su rendimiento óptimo. Esto asegura un servicio de correo electrónico rápido, seguro y confiable, capaz de adaptarse a necesidades futuras. La mejora continua y la optimización de cada componente individual elevan el rendimiento global y garantizan la eficiencia del sistema.

 Nota

La gestión efectiva de un sistema de correo electrónico demanda una visión integrada que considere el *hardware,* el sistema operativo y las aplicaciones como un conjunto interconectado. La vigilancia y actualización constantes de estos elementos mantienen el sistema en su pico de rendimiento y aseguran su seguridad y capacidad de adaptación a largo plazo.

Aplicación práctica

En el ámbito de la administración de sistemas de correo electrónico es importante comprender cómo cada componente del sistema contribuye al rendimiento general y

Continúa en página siguiente >>

<< Viene de página anterior

a la seguridad. Esta comprensión permite una optimización efectiva que asegura un servicio de correo electrónico rápido, seguro y confiable.

En esta aplicación tiene que analizar y aplicar conceptos de optimización en los diferentes componentes de un sistema de correo electrónico. Para ello, deberá clasificar las siguientes acciones específicas de mejora y mantenimiento en las categorías adecuadas: *hardware,* sistema operativo y aplicaciones. Cada acción debe enfocarse en mejorar el rendimiento, la seguridad y la eficiencia operativa del sistema:

a. Actualizar regularmente el *hardware* para aumentar la capacidad de procesamiento y almacenamiento.
b. Configurar el sistema operativo para un uso eficiente de los recursos y mantenerlo actualizado.
c. Seleccionar y configurar servidores SMTP, POP/IMAP y herramientas de seguridad para una gestión rápida de correos.
d. Implementar medidas de seguridad avanzadas en las aplicaciones de correo electrónico.
e. Asegurar la escalabilidad del *hardware* para adaptarse al crecimiento.
f. Optimizar el sistema operativo para seguridad y compatibilidad con aplicaciones modernas.

SOLUCIÓN

Hardware:

▌ Actualizar regularmente el hardware para aumentar la capacidad de procesamiento y almacenamiento.
▌ Asegurar la escalabilidad del hardware para adaptarse al crecimiento.

Sistema operativo:

▌ Configurar el sistema operativo para un uso eficiente de los recursos y mantenerlo actualizado.
▌ Optimizar el sistema operativo para seguridad y compatibilidad con aplicaciones modernas.

Aplicaciones:

▌ Seleccionar y configurar servidores SMTP, POP/IMAP y herramientas de seguridad para una gestión rápida de correos.
▌ Implementar medidas de seguridad avanzadas en las aplicaciones de correo electrónico.

Actividades

1. ¿Cómo contribuye el *hardware,* como la CPU, la memoria RAM, el almacenamiento y la red, al rendimiento general de un sistema de correo electrónico? ¿Qué medidas se pueden tomar para optimizar estos componentes?
2. ¿De qué manera el sistema operativo actúa como un puente entre el *hardware* y las aplicaciones de correo? ¿Cuáles son las prácticas clave para su configuración y optimización en un sistema de correo electrónico?
3. ¿Qué rol juegan las aplicaciones como servidores SMTP y POP/IMAP y herramientas de seguridad en la eficacia de un sistema de correo? ¿Cómo se pueden seleccionar y configurar adecuadamente para maximizar la eficiencia y seguridad del sistema?

3. Ajustes de rendimiento del sistema operativo

La optimización del rendimiento del sistema operativo en el contexto de los sistemas de correo electrónico abarca tanto ajustes específicos de la infraestructura como recomendaciones generales para mejorar la eficiencia del sistema. Entre las medidas específicas se encuentran la optimización de la red, la gestión eficaz de la memoria, la priorización de procesos críticos y la implementación de estrictas medidas de seguridad. Estas acciones están diseñadas para maximizar la utilización de recursos y asegurar un entorno estable y seguro para las operaciones de correo electrónico. A continuación, se abordan en profundidad.

3.1. Optimización de la red

Esta fase se enfoca en perfeccionar la conectividad y acelerar el intercambio de datos. En lo que respecta a los sistemas de correo, es clave configurar adecuadamente los servidores, disponer de un ancho de banda apropiado y reducir al mínimo los retrasos en la comunicación. Las acciones sugeridas son las siguientes:

■ **Monitoreo de latencia:** es importante asegurar que los servidores de correo operen con la menor latencia posible, para facilitar el envío rápido de *e-mails.*

■ **Balanceo de carga:** se recomienda distribuir equitativamente las cargas de trabajo entre múltiples servidores para prevenir sobrecargas.

■ **Optimización del DNS:** que la configuración de los registros DNS sea correcta es esencial para una entrega eficiente del correo.

Definición

DNS (sistema de nombres de dominio)
Es un sistema que funciona como la guía telefónica de la web: convierte los nombres de dominio legibles por humanos, como google.com, en direcciones IP numéricas que las máquinas utilizan para conectarse entre sí.

Por otro lado, los registros DNS son como las entradas en esa guía telefónica. Son registros de texto que contienen detalles sobre un dominio y su correspondiente dirección IP. Hay varios tipos de registros DNS, como A, MX y CNAME, cada uno con una función específica, como apuntar a la dirección IP de un dominio, definir el servidor de correo electrónico de un dominio o redirigir un dominio a otro. En conjunto, estos registros permiten que internet funcione de manera eficiente.

Windows 11

En *Windows 11,* herramientas integradas como *Tracert* ayudan a monitorear la latencia a los servidores de correo, facilitando la identificación y resolución de cuellos de botella. *Tracert* traza la ruta que sigue un paquete desde un punto de origen hasta un destino.

Para utilizarla en sistemas *Windows,* se deben seguir los siguientes pasos:

1. Acceder a la línea de comandos de *Windows.* Esto se puede hacer pulsando la combinación [Windows] + [R], escribiendo "cmd" en el cuadro de diálogo Ejecutar y presionando [Enter].

2. Introducir el comando **tracert.**

3. Presionar [Enter] y esperar que *Tracert* complete el rastreo de la ruta. Debería aparecer lo siguiente:

```
Uso: tracert [-d] [-h saltos_máximos] [-j lista_de_hosts] [-w tiempo_de_espera]
             [-R] [-S srcaddr] [-4] [-6] nombre_destino

Opciones:
    -d                    No convierte direcciones en nombres de hosts.
    -h saltos_máximos     Máxima cantidad de saltos en la búsqueda del objetivo.
    -j lista-host         Enrutamiento relajado de origen a lo largo de la
                          lista de hosts (solo IPv4).
    -w tiempo_espera      Tiempo de espera en milisegundos para esperar cada
                          respuesta.
    -R                    Seguir la ruta de retorno (solo IPv6).
    -S srcaddr            Dirección de origen para utilizar (solo IPv6).
    -4                    Forzar usando IPv4.
    -6                    Forzar usando IPv6.
```

A continuación, se describen las opciones disponibles para modificar el comportamiento del comando:

- **-d:** desactiva la resolución de nombres de las direcciones IP a nombres de *host* y muestra solo las direcciones IP.
- **-h saltos_máximos:** establece el número máximo de saltos *(hops)* que *Tracert* rastreará antes de terminar el comando.
- **-j lista_de_hosts:** permite especificar una ruta de enrutamiento suelto a través de una lista de *hosts* (solo IPv4).
- **-w tiempo_espera:** establece el tiempo de espera en milisegundos para cada respuesta de los nodos por los que pasa el paquete.
- **-R:** hace que el rastreo siga la ruta de retorno, lo que significa que rastreará el camino de vuelta del destino al origen (solo IPv6).
- **-S srcaddr:** especifica la dirección de origen que se utilizará para enviar los paquetes (solo IPv6).
- **-4:** fuerza el uso de IPv4 para el rastreo.
- **-6:** fuerza el uso de IPv6 para el rastreo.

Estas opciones permiten al usuario personalizar cómo se realiza el rastreo de la ruta, ajustando desde la visualización de direcciones hasta la selección de protocolos y tiempos de espera específicos, dependiendo de las necesidades del diagnóstico de red.

Ejemplo

Imagine que vamos a rastrear la ruta que los paquetes toman desde un ordenador hasta el servidor de Google, y se hace usando IPv4, sin resolver las direcciones IP a nombres de hosts, con un máximo de 30 saltos y con un tiempo de espera de 100 milisegundos por respuesta. El dominio es google.com.

A continuación, se muestra cómo se configuraría el comando:

```
tracert -d -h 30 -w 100 -4 google.com
```

Se explica el desglose de la línea del comando:

▌ **tracert:** es el comando para iniciar el rastreo de la ruta.
▌ **-d:** esta opción evita que las direcciones IP se resuelvan a nombres de dominio, así solo se mostrarán las direcciones IP en el resultado.
▌ **-h 30:** limita el número de saltos que el tracert intentará antes de detenerse a 30.
▌ **-w 100:** establece el tiempo de espera para cada respuesta en 100 milisegundos. Esto es útil para evitar esperas demasiado largas por respuestas de nodos que quizás no respondan tan rápidamente.
▌ **-4:** fuerza el uso de IPv4 para el rastreo de la ruta.
▌ **google.com:** es el destino al que se está rastreando la ruta.

Tras insertar la línea de comando, la consola devuelve el siguiente código:

```
C:\Users\beatr>tracert -d -h 30 -w 100 -4 google.com

Traza a la dirección google.com [142.250.200.110]
sobre un máximo de 30 saltos:

  1     3 ms     2 ms     2 ms  192.168.8.1
  2     *        *        *     Tiempo de espera agotado para esta solicitud.
  3   153 ms   102 ms    98 ms  172.16.167.55
  4   114 ms   100 ms    99 ms  172.24.0.193
  5   115 ms   101 ms     *     10.220.98.250
  6   133 ms   100 ms    99 ms  81.196.118.208
  7   107 ms   100 ms     *     74.125.119.226
  8    86 ms   170 ms   101 ms  192.178.110.85
  9   117 ms   101 ms     *     209.85.247.245
 10    94 ms   101 ms   101 ms  142.250.200.110

Traza completa.
```

Continúa en página siguiente >>

<< Viene de página anterior

▪ Número de salto *(hop number):* cada fila representa un salto en la ruta desde el ordenador al servidor de destino. En el ejemplo, hay 10 saltos listados.

▪ Tiempo de respuesta: cada salto muestra tres tiempos de respuesta, medidos en milisegundos (ms). Estos tiempos indican cuánto tardaron los paquetes en llegar desde el ordenador hasta el enrutador en ese salto y de regreso. Los tiempos ayudan a identificar dónde podrían estar ocurriendo demoras en la ruta. Por ejemplo, el primer salto muestra tiempos de 3 ms, 2 ms y 2 ms, lo que indica una respuesta muy rápida y una conexión saludable cerca de tu localidad.

▪ Dirección IP del enrutador: se muestra la dirección IP de cada enrutador o nodo por el que pasa el paquete en su ruta hacia el destino.

▪ El segundo salto muestra asteriscos (*), lo que indica que el paquete no recibió respuesta de ese nodo, en particular dentro del tiempo de espera establecido (tiempo de espera agotado para esta solicitud). Esto puede suceder si el nodo está configurado para no responder a solicitudes ICMP o si hubo un problema de red temporal.

▪ Tiempo de espera agotado: cuando ves * * * junto a un mensaje como "Tiempo de espera agotado para esta solicitud", significa que el tracert no recibió una respuesta de ese nodo dentro del tiempo de espera establecido. Esto puede ser indicativo de un filtro de paquetes ICMP, un enrutador configurado para no responder o una pérdida temporal de paquetes, debido a problemas de red.

▪ Traza completa: al final, se indica que la traza ha sido completada. Esto significa que se alcanzó el destino final o se alcanzó el número máximo de saltos configurados (en este caso, 30 saltos).

Linux

En Linux, los comandos **ping** y **traceroute** ofrecen funcionalidades similares. Además, el balanceo de carga es recomendable en ambos sistemas: *Windows* utiliza *software* dedicado y Linux usa soluciones como *Nginx* o *HAProxy,* para distribuir las cargas de trabajo y evitar sobrecargas.

Para utilizar el comando **ping** en *Linux,* se pueden seguir los siguientes pasos:

1. Abrir una terminal en *Linux.*
2. Introducir el comando **ping** seguido de la dirección IP o el nombre de dominio al que se desea hacerlo. Por ejemplo, para hacer **ping** a google. com, se escribiría "ping google.com".

3. Presionar [Enter] para ejecutar el comando. Esto generará una serie de líneas, que indican el tiempo que tarda cada paquete en viajar desde el ordenador al destino y viceversa:

```
ping google.com
PING google.com (172.217.22.14) 56(84) bytes of data.
64 bytes from arn09s05-in-f14.1e100.net (172.217.22.14): icmp_seq=1 ttl=53 time=40.1 ms
64 bytes from arn09s05-in-f14.1e100.net (172.217.22.14): icmp_seq=2 ttl=53 time=40.1 ms
64 bytes from arn09s05-in-f14.1e100.net (172.217.22.14): icmp_seq=3 ttl=53 time=39.9 ms
```

■ **PING google.com (172.217.22.14) 56(84) bytes of data:** esta línea muestra la dirección IP a la que se está haciendo **ping** (en este caso, 172.217.22.14, que corresponde a google.com) y el tamaño del paquete que se está enviando (56 bytes).

■ **64 bytes from arn09s05-in-f14.1e100.net (172.217.22.14): icmp_seq=1 ttl=53 time=40,1 ms:** esta línea muestra la respuesta del servidor. Indica que se recibieron 64 bytes desde la dirección IP 172.217.22.14, que el número de secuencia ICMP es 1 (esto aumenta con cada paquete enviado), que el tiempo de vida (TTL) del paquete es 53 y que el tiempo que tardó en llegar el paquete fue de 40,1 ms.

Además, el comando **ping** permite la incorporación de opciones para personalizar la solicitud. Algunas de las más comunes incluyen:

■ **-c count:** finaliza el **ping** después de recibir un número específico de respuestas. Por ejemplo, **ping -c 4 google.com** enviará cuatro solicitudes de **ping** a google.com:

```
ping -c 4 google.com
PING google.com (172.217.22.14) 56(84) bytes of data.
64 bytes from arn09s05-in-f14.1e100.net (172.217.22.14): icmp_seq=1 ttl=53 time=40.1 ms
64 bytes from arn09s05-in-f14.1e100.net (172.217.22.14): icmp_seq=2 ttl=53 time=40.1 ms
64 bytes from arn09s05-in-f14.1e100.net (172.217.22.14): icmp_seq=3 ttl=53 time=39.9 ms
64 bytes from arn09s05-in-f14.1e100.net (172.217.22.14): icmp_seq=4 ttl=53 time=39.8 ms
```

- **-i interval:** define un intervalo específico de segundos entre cada **ping**. Por ejemplo, **ping -i 2 google.com** enviará una solicitud de **ping** cada 2 segundos a google.com:

```
$ ping -i 2 google.com
PING google.com (172.217.22.14) 56(84) bytes of data.
64 bytes from arn09s05-in-f14.1e100.net (172.217.22.14): icmp_seq=1 ttl=53 time=40.1 ms
(wait 2 seconds)
64 bytes from arn09s05-in-f14.1e100.net (172.217.22.14): icmp_seq=2 ttl=53 time=40.1 ms
(wait 2 seconds)
...
```

- **-s packetsize:** establece el número de bytes de datos a enviar. El valor predeterminado es 56, lo cual resulta en 64 bytes de datos ICMP cuando se incluyen los datos de cabecera:

```
$ ping -s 100 google.com
PING google.com (172.217.22.14) 100(128) bytes of data.
108 bytes from arn09s05-in-f14.1e100.net (172.217.22.14): icmp_seq=1 ttl=53 time=40.1 ms
108 bytes from arn09s05-in-f14.1e100.net (172.217.22.14): icmp_seq=2 ttl=53 time=40.1 ms
108 bytes from arn09s05-in-f14.1e100.net (172.217.22.14): icmp_seq=3 ttl=53 time=39.9 ms
...
```

En lo que respecta a la configuración de los registros DNS en *Linux,* esta puede realizarse a través de la configuración del servidor DNS o mediante servicios como BIND.

3.2. Gestión eficaz de la memoria

La memoria RAM juega un papel esencial en el desempeño del sistema. Para sistemas de correo, administrar adecuadamente la memoria asegura que los procesos de correo dispongan de los recursos necesarios. Las acciones sugeridas son las siguientes:

- **Supervisión de memoria:** es clave monitorear el uso de memoria y ajustar los límites cuando sea necesario.
- **Liberación de memoria:** cerrar programas no esenciales puede ayudar a liberar recursos.

- **Optimización de la caché:** el uso eficiente de cachés para datos temporales puede aliviar la demanda sobre la memoria principal.

Windows 11

La supervisión de memoria en *Windows 11* se puede realizar a través del administrador de tareas:

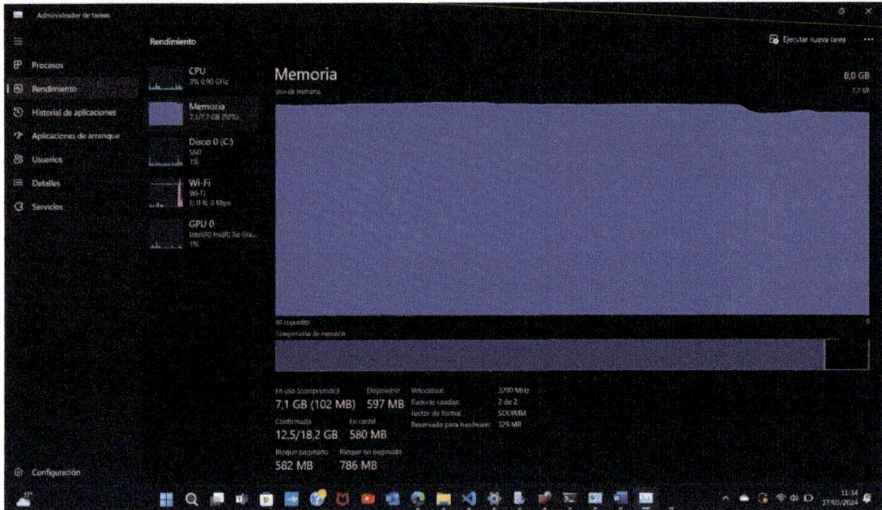

Se puede liberar memoria cerrando programas no esenciales. Simplemente se presiona [Ctrl] + [Shift] + [Esc] para abrirlo, se selecciona el programa que se quiere cerrar y se hace clic en **Finalizar tarea.**

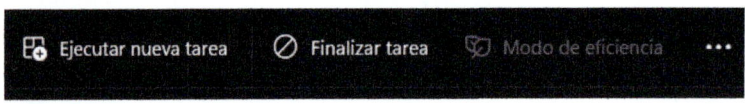

Cerrar aplicaciones no esenciales desde el administrador de tareas

Además, mediante el liberador de espacio en disco en *Windows* se puede limpiar la caché:

Liberador de espacio en disco de Windows

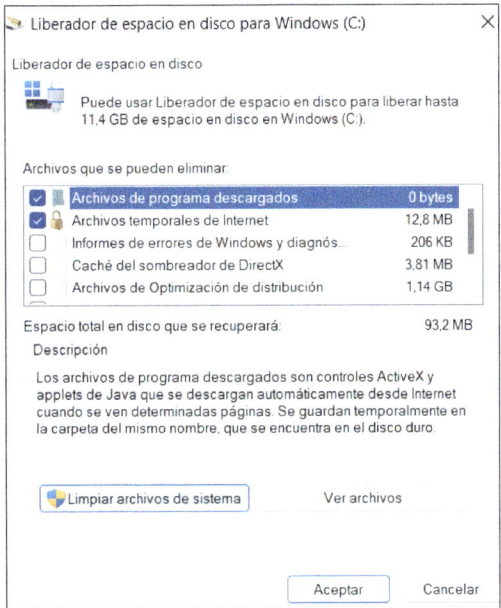

El liberador de espacio en disco permite seleccionar y eliminar archivos innecesarios.

Linux (Ubuntu 24.04 LTS)

En *Linux,* herramientas como **top** o **htop** son útiles para este propósito. Estos comandos son utilizados para monitorear el uso de la CPU y la memoria, liberar memoria y optimizar la caché; esto último puede aliviar la demanda sobre la memoria principal.

```
# Uso de top o htop
top
# o
htop

# Liberar memoria
sudo sync && sudo sysctl -w vm.drop_caches=3

# Optimizar la caché
echo "vm.vfs_cache_pressure = 50" | sudo tee -a /etc/sysctl.conf
sudo sysctl -p
```

Comandos de Linux para la gestión eficiente de la memoria y el espacio en disco

El comando **sudo sync && sudo sysctl -w vm.drop_caches=3** se utiliza para liberar memoria, cierra programas no esenciales. Además, el comando **echo "vm.vfs_cache_pressure = 50" I sudo tee -a /etc/sysctl.conf sudo sysctl -p** se utiliza para optimizar la caché, lo que puede aliviar la demanda sobre la memoria principal.

3.3. Priorización de procesos críticos

Determinados procesos son más significativos que otros en un sistema de correo. Priorizarlos adecuadamente asegura que las funciones críticas se ejecuten sin interrupciones.

Las acciones sugeridas son las siguientes:

- **Asignación de recursos:** destinar más recursos (CPU, memoria) a procesos vitales, como la entrega de mensajes y la autenticación.
- **Planificación de tareas:** organizar las tareas de mantenimiento y copias de seguridad en horarios de baja actividad para minimizar el impacto en el rendimiento durante horas pico.

Windows 11 permite ajustar la prioridad de los procesos a través del administrador de tareas, mientras que *Linux* ofrece **nice** y **renice** para gestionar la prioridad. Organizar tareas de mantenimiento y copias de seguridad en horarios de baja actividad mediante el programador de tareas en *Windows* o **cron** en *Linux* minimiza el impacto en el rendimiento durante las horas pico.

A continuación, se muestran algunos ejemplos prácticos.

Ejemplo

Modificar la prioridad de los procesos en *Windows 11* usando el administrador de tareas:

Imagine que tiene un programa llamado *ProgramaEjemplo* y que desea cambiar su prioridad. Aquí se muestra cómo hacerlo:

▐ Abrir el administrador de tareas con la combinación de teclas [Ctrl] + [Shift] + [Esc].
▐ En la pestaña **Procesos**, localizar **ProgramaEjemplo**:

▐ Hacer clic derecho en **ProgramaEjemplo** y seleccionar **Ir a detalles**.
▐ En la pestaña **Detalles**, hacer clic derecho en *ProgramaEjemplo.exe* y elegir **Establecer prioridad**.
▐ Seleccionar la prioridad para el programa (por ejemplo, **Normal**):

Continúa en página siguiente >>

<< Viene de página anterior

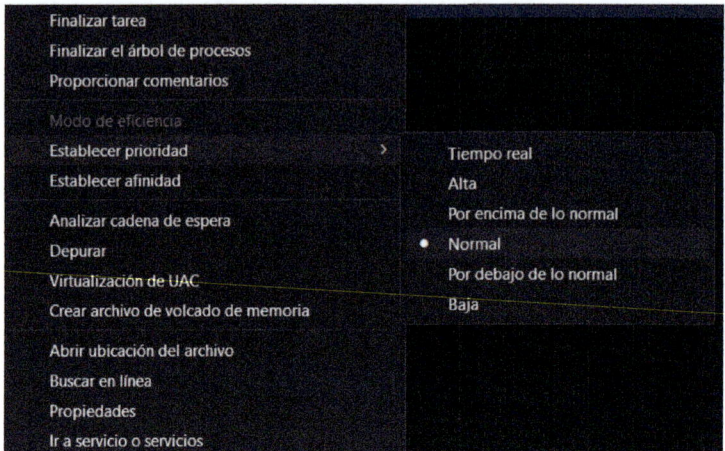

 Ejemplo

Administrar la prioridad en *Linux* con nice y renice

Imagine que tiene un *script* llamado ScriptEjemplo.sh y quiere ajustar su prioridad.

Para asignar la prioridad de un proceso antes de iniciarlo, se utiliza **nice.** Por ejemplo, para ejecutar ScriptEjemplo.sh con una prioridad elevada, se puede utilizar:

```
nice -n -10 ./ScriptEjemplo.sh
```

Para modificar la prioridad de un proceso que ya está en ejecución, se utiliza **renice.** Primero, se busca el ID del proceso (PID) de ScriptEjemplo.sh con **pgrep** o **ps,** y luego se emplea **renice** para ajustar su prioridad. Por ejemplo:

```
pgrep -f ScriptEjemplo.sh
sudo renice -n 5 -p [PID]
```

 Ejemplo

Programar tareas de mantenimiento y copias de seguridad en horarios de baja actividad en *Windows* usando el programador de tareas.

Imagine que tiene un script de *PowerShell* llamado ScriptPS.ps1 y quiere que se ejecute diariamente a las 3 a. m. Para ello, se siguen los siguientes pasos:

1. Abrir el programador de tareas y seleccionar **Crear tarea básica...**
2. Introducir un nombre y una descripción para la tarea y hacer clic en **Siguiente**:

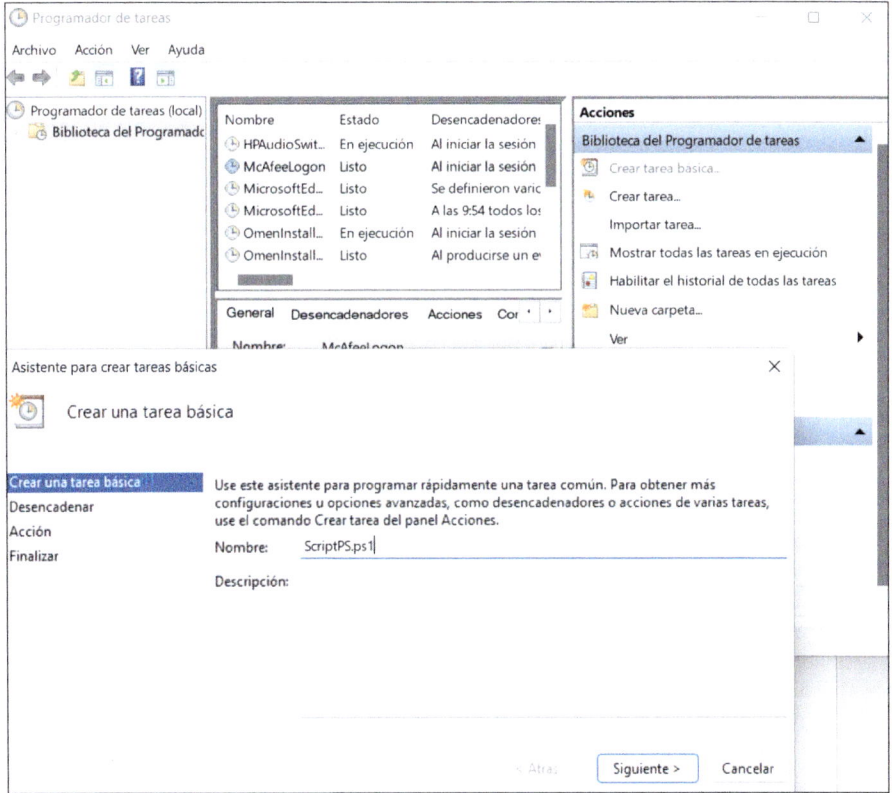

Continúa en página siguiente >>

<< Viene de página anterior

3. Elegir **Diariamente** y presionar **Siguiente:**

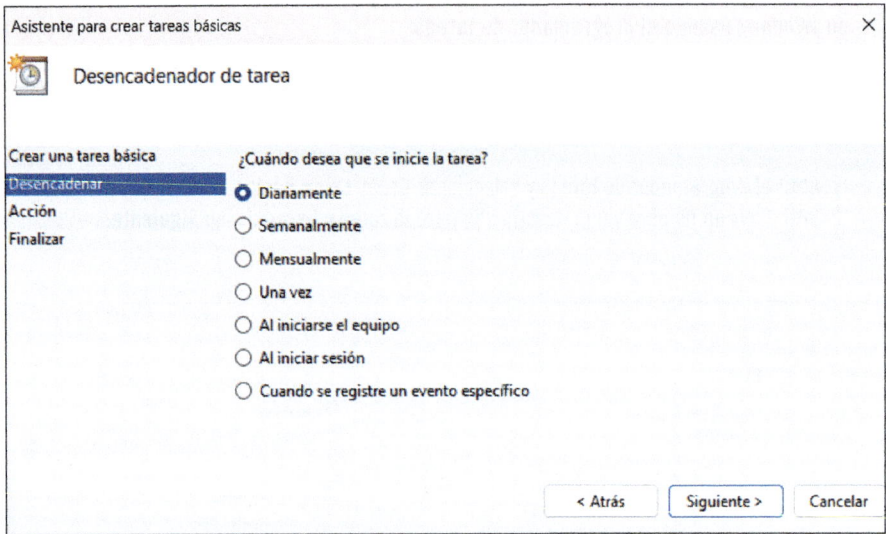

4. Establecer la fecha y hora de inicio a las 12:00 y continuar con **Siguiente:**

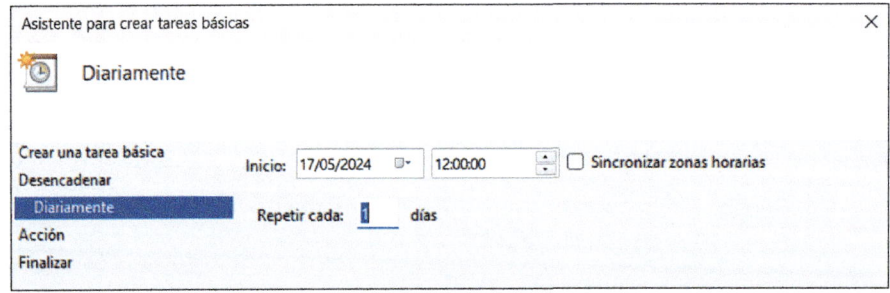

Continúa en página siguiente >>

<< Viene de página anterior

5. Escoger **Iniciar un programa** y hacer clic en **Siguiente**:

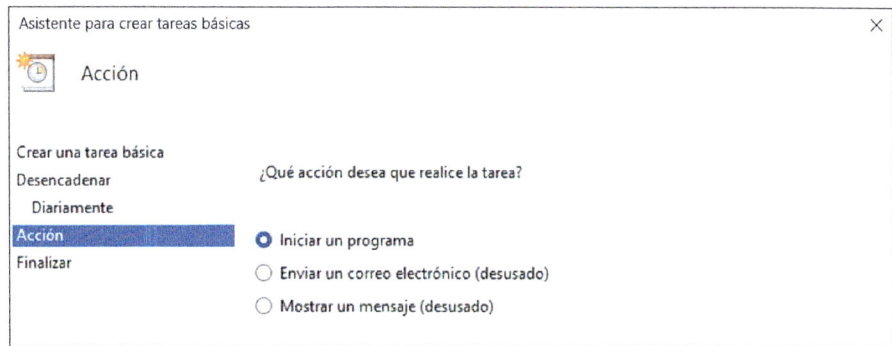

6. Presionar **Examinar...**, buscar el *script* ScriptPS.ps1 y confirmar con **Siguiente**:

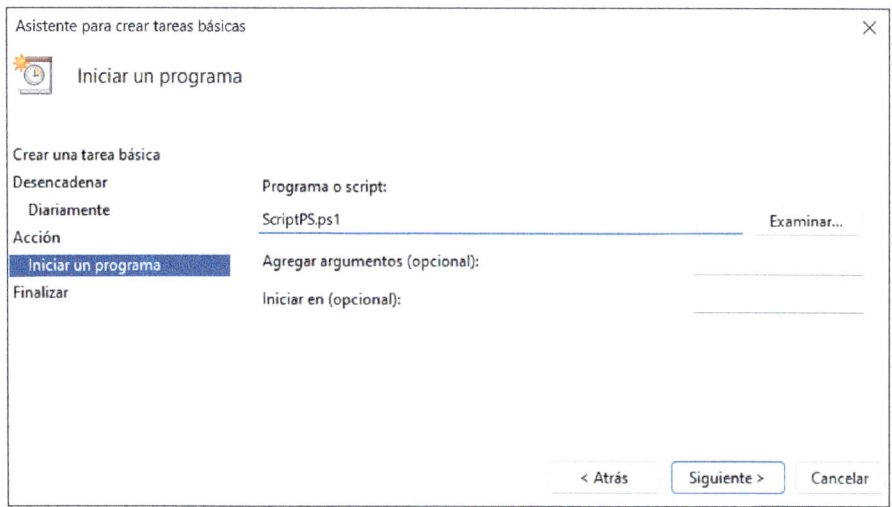

Continúa en página siguiente >>

<< Viene de página anterior

7. Verificar los detalles de la tarea y terminar con **Finalizar**:

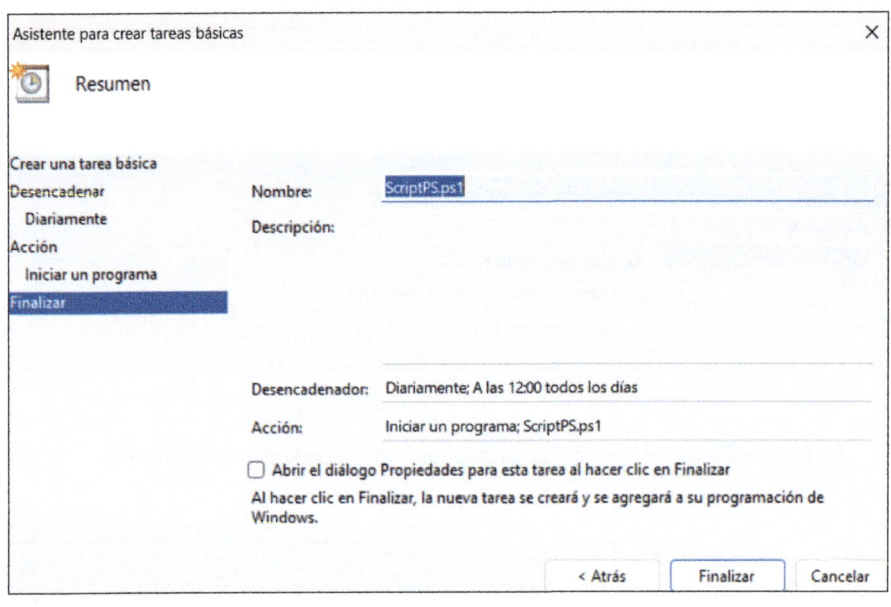

 **Ejemplo**

Programar tareas de mantenimiento y copias de seguridad en horarios de baja actividad en _Linux_ usando cron.

Imagine que tiene un _script_ llamado ScriptEjemplo.sh y desea ejecutarlo todos los días a las 3 a. m. Se debe usar el siguiente comando:

```
crontab -e
0 3 * * * /ruta/a/ScriptEjemplo.sh
```

Continúa en página siguiente >>

<< Viene de página anterior

Esto abrirá el editor de crontab, donde se podrá agregar la línea "0 3 * * * /ruta/a/ ScriptEjemplo.sh", programando así ScriptEjemplo.sh para que se ejecute a las 3 a. m. diariamente.

3.4. Implementación de estrictas medidas de seguridad

La seguridad es un aspecto primordial en los sistemas de correo, para salvaguardar los datos y prevenir ataques. Las acciones sugeridas son las siguientes:

- **_Firewalls_ y filtrado:** es recomendable emplear _firewalls_ para restringir el acceso no autorizado.
- **Cifrado de datos:** el cifrado ayuda a proteger los correos y la información sensible.
- **Actualizaciones de seguridad:** es clave mantener actualizado tanto el sistema operativo como las aplicaciones para mitigar vulnerabilidades.

La seguridad se maneja a través de _firewalls_ y filtrado, empleando el _firewall_ de _Windows_ o _iptables_ en _Linux._

La interfaz del _firewall_ de _Windows Defender_ permite a los usuarios personalizar y gestionar la seguridad de su sistema operativo. Los usuarios pueden cambiar la configuración de red para diferentes niveles de protección en redes privadas y públicas, activar o desactivar el _firewall_ según sea necesario y personalizar qué aplicaciones pueden recibir conexiones entrantes. Además, pueden configurar alertas para que sean notificados cuando el _firewall_ bloquea una nueva aplicación, lo que ayuda a mantenerse al tanto de cualquier actividad potencialmente maliciosa. Para una administración de seguridad más avanzada, los usuarios pueden acceder a configuraciones detalladas, donde pueden definir reglas específicas para el tráfico de entrada y salida, configurar la seguridad para diferentes tipos de redes y ajustar políticas de seguridad avanzadas:

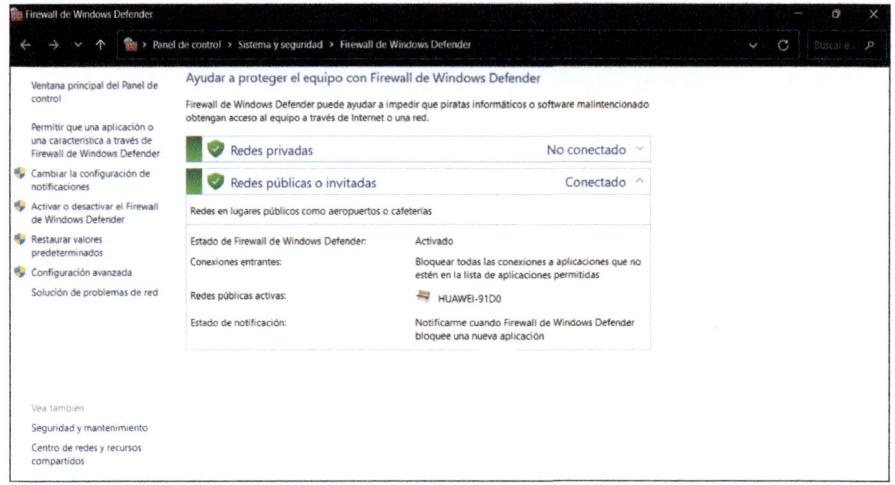

Las *iptables* son una herramienta en sistemas operativos *Linux* destinadas a la gestión y filtración del tráfico de red mediante reglas predefinidas. El término, *iptable,* proviene de IP y *tables,* lo que subraya su función de operar con tablas que contienen reglas para determinar el destino de los paquetes de datos. Esta herramienta funciona como un *firewall,* facilitando el control sobre el tráfico de red al permitir o bloquear conexiones específicas. Se puede considerar que *iptables* verifica cada paquete de datos que entra o sale del dispositivo, evaluando si deben permitirse o bloquearse según las reglas establecidas.

Las reglas en *iptables* se pueden configurar para autorizar tipos específicos de tráfico, como la navegación web, mientras que se bloquean acciones potencialmente maliciosas, como ataques de piratería o accesos no autorizados al sistema.

 Nota

Existen cinco tablas principales en *iptables,* cada una con cadenas y propósitos específicos:

I Filter: es la predeterminada. Se utiliza para filtrar el tráfico de paquetes basado en reglas definidas.

Continúa en página siguiente >>

<< Viene de página anterior

I Nat *(Network Address Translation):* se emplea para la traducción de direcciones de red. Es frecuentemente usada para el redireccionamiento de puertos o para el enmascaramiento de direcciones IP (SNAT – *Source Network Address Translation).*
I Mangle: se utiliza para modificar las cabeceras de los paquetes.
I Raw: se utiliza para configurar exenciones de seguimiento de conexiones.
I Security: se utiliza para configurar reglas de seguridad de *Mandatory Access Control* (MAC), que son las que definen cómo se deben manejar los paquetes en un contexto de seguridad más estricto.

El cifrado de datos, utilizando SSL/TLS para conexiones de correo y cifrado de discos con herramientas como *BitLocker* en *Windows* o *LUKS* en *Linux,* es esencial.

Adicionalmente, es recomendable seguir una serie de prácticas generales, que contribuyen a la eficiencia global del sistema. Mantener actualizado el sistema operativo y los controladores de los dispositivos es fundamental para garantizar que el sistema opere de manera óptima y sin contratiempos. Asimismo, reiniciar el equipo con regularidad y ejecutar únicamente las aplicaciones indispensables ayuda a liberar recursos del sistema. Se deben procesos que no son necesarios y evitar el consumo excesivo de memoria y CPU.

 Ejemplo

ReadyBoost es una característica de *Windows* que permite utilizar una memoria USB o tarjeta SD como una extensión de la caché del sistema para potenciar su rendimiento. Aquí se describe un ejemplo práctico de su uso:

I Situación: dispone de un equipo con una memoria RAM limitada y un disco duro mecánico (HDD), lo cual ralentiza la lectura y escritura de datos.
I Objetivo: agilizar el arranque de aplicaciones y la reactividad del sistema.
I Cómo emplear ReadyBoost:

Continúa en página siguiente >>

<< Viene de página anterior

- Insertar una memoria USB o una tarjeta SD en el equipo.
- Hacer clic derecho sobre la unidad, seleccionar **Propiedades** y acceder a la pestaña **ReadyBoost**.

I Procedimiento:

- Optar por **Usar este dispositivo** y determinar el volumen de espacio que se destinará a ReadyBoost, que puede ser total o parcial.
- Confirmar la acción con **Aplicar** y **Aceptar**.

I Mecanismo de acción:

- Al ejecutar aplicaciones o abrir archivos, *Windows* transfiere algunos de estos datos a la unidad configurada para ReadyBoost.
- En futuros accesos a esta información, *Windows* la obtendrá directamente de la caché de ReadyBoost, en vez de desde el disco duro.
- Este método contribuye a una carga más rápida de las aplicaciones y a una mejora significativa en la respuesta del sistema, en especial con los de uso frecuente.

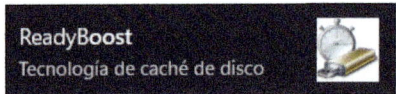

ReadyBoost convierte almacenamiento externo en memoria RAM extra, lo cual beneficia a sistemas con recursos restringidos.

4. Ajustes de rendimiento de las aplicaciones: servidor SMTP y servidor POP/IMAP

En el marco de mejorar el rendimiento del sistema de correo electrónico, es esencial enfocarse en ajustes específicos de las aplicaciones, tales como los servidores SMTP y POP/IMAP.

4.1. Servidor SMTP (protocolo simple de transferencia de correo)

El servidor SMTP se encarga de enviar los correos electrónicos salientes. Para mejorar su funcionamiento, se deben considerar los siguientes aspectos:

- **Configuración de la cola de mensajes:** ajustar la cola de envío para procesar los correos salientes de manera eficaz.
- **Autenticación y medidas de seguridad:** activar métodos de autenticación seguros (como STARTTLS o SSL/TLS) para asegurar las comunicaciones.
- **Políticas de reenvío de mensajes:** establecer políticas para el reenvío de correos que no se han podido entregar.
- **Monitoreo y registro de actividad:** vigilar el flujo de correos SMTP y llevar un registro de los eventos para identificar posibles problemas.
- **Distribución de carga:** si es necesario, repartir la carga de trabajo entre varios servidores SMTP.

Ejemplo

A continuación, se muestra un ejemplo del servidor SMTP (salida de correos electrónicos):

- Configuración de cola: la empresa Lannister envía boletines informativos a sus clientes. El servidor SMTP está configurado para encolar los correos salientes y enviarlos en lotes de 100 correos cada 5 minutos. Esto evita la saturación del servidor y garantiza una entrega constante.
- Autenticación y seguridad: el servidor SMTP utiliza autenticación segura mediante SSL/TLS. Los empleados pueden enviar correos electrónicos desde aplicaciones de correo o dispositivos móviles, de forma segura, protegiendo la confidencialidad de los datos.
- Reglas de retransmisión: si un correo no se entrega después de tres intentos (por ejemplo, debido a un servidor de destino no disponible), el servidor SMTP reintentará la entrega según ciertas reglas predefinidas.
- Monitoreo y registro: el equipo de TI de la empresa Lannister supervisa constantemente los registros del servidor SMTP. Si se detecta un aumento en los intentos fallidos de entrega, investigan y toman medidas correctivas.
- Balanceo de carga: durante una campaña de *marketing,* la carga en el servidor SMTP aumenta significativamente. Se activa un balanceador de carga para distribuir la carga entre varios servidores.

El servidor SMTP en *hMailServer* administra la transmisión de correos electrónicos salientes, ofreciendo una variedad de configuraciones para optimizar su funcionamiento. A continuación, se relacionan algunos aspectos clave y cómo estos pueden influir en la eficiencia y seguridad del servidor SMTP:

- **Configuración general de SMTP:** se puede establecer el número máximo de conexiones simultáneas y el tamaño máximo de los mensajes:

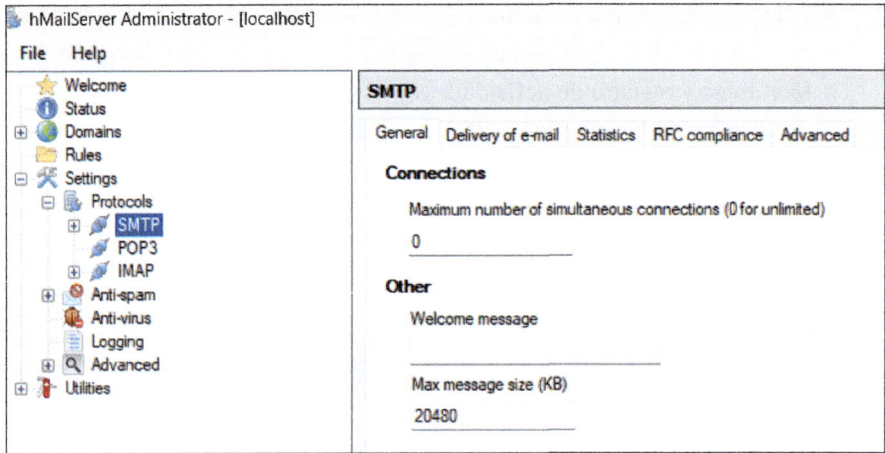

La configuración permite ajustar el número máximo de conexiones simultáneas, que puede ser cualquier número o ilimitado, lo cual afecta a cómo el servidor maneja la carga de tráfico. Limitar el número de conexiones puede prevenir sobrecargas, mientras que un límite alto o sin restricciones puede maximizar la capacidad de procesamiento de correos. Además, establecer un límite de 20.480 KB (20 MB aproximadamente) para el tamaño máximo de los mensajes ayuda a gestionar el ancho de banda y el almacenamiento de manera eficiente.

- **Configuración de la entrega de correos electrónicos,** incluyendo el número de reintentos, el intervalo entre reintentos y la configuración del relé SMTP:

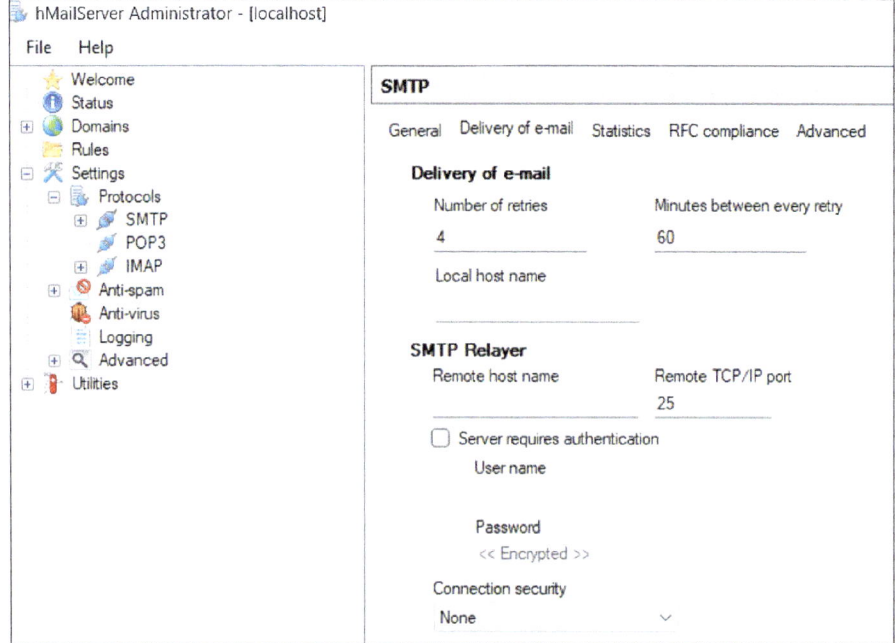

Configurar el número de reintentos y los minutos entre cada reintento determina cómo el servidor maneja los correos que inicialmente no se pueden entregar. Ajustar estos parámetros adecuadamente puede mejorar la tasa de entrega exitosa. La opción de autenticación de servidor asegura que solo los usuarios verificados puedan enviar correos, con lo cual se reduce el riesgo de que se abuse del servidor.

■ **Configuración de envío de estadísticas a hMailServer.com:**

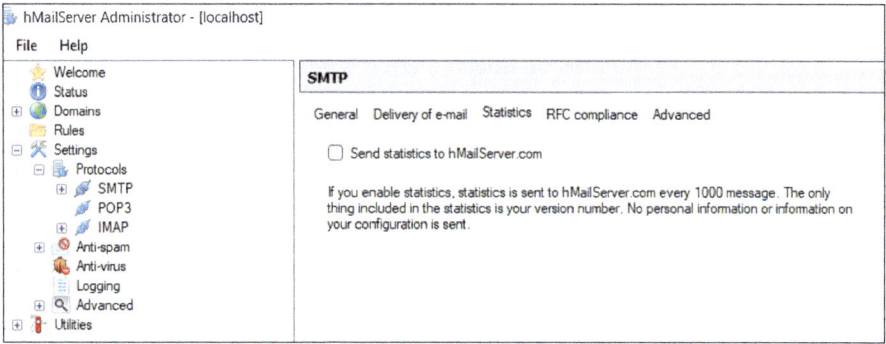

La opción de enviar estadísticas a hMailServer.com puede ayudar al soporte y desarrollo del *software* al proporcionar datos anónimos sobre el uso. Sin embargo, esta funcionalidad debe evaluarse cuidadosamente en términos de privacidad y seguridad de datos.

- **Configuración de cumplimiento RFC para SMTP,** incluyendo la opción de permitir direcciones de remitente vacías y la configuración de comandos inválidos:

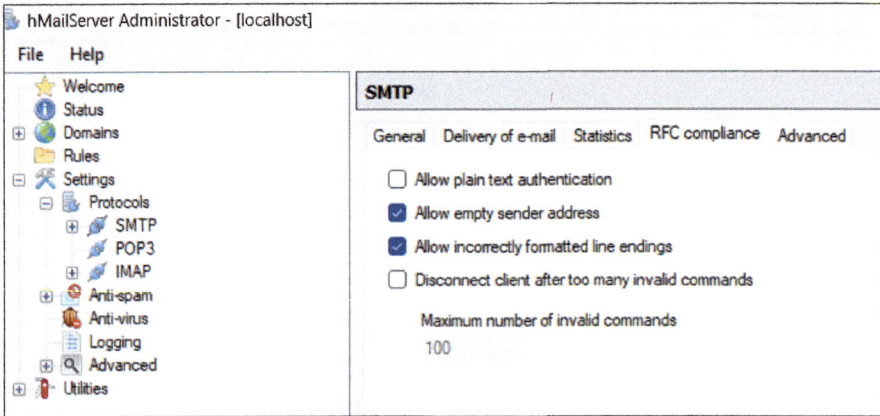

La configuración de SMTP en *hMailServer Administrator* bajo la pestaña **RFC compliance** incluye opciones clave para la seguridad y flexibilidad del servidor. Permite la autenticación en texto plano, admite direcciones de remitente vacías y acepta finales de línea incorrectamente formateados, lo que facilita la compatibilidad con clientes de correo mal configurados. Además, se puede desconectar a los clientes después de un número máximo de comandos inválidos (configurado en 100), protegiendo contra intentos de abuso o errores repetitivos.

- **Configuración avanzada para la entrega de correos,** como el límite de destinatarios en un lote y el uso de STARTTLS si está disponible.

La opción de usar STARTTLS, si está disponible, permite al servidor emplear un método de cifrado para asegurar las comunicaciones, lo cual mejora la protección de los datos transmitidos. Además, permitir direcciones de remitente vacías y formatos de línea final incorrectos ofrece mayor flexibilidad en la gestión de correos entrantes y salientes, aunque debe manejarse con cuidado para evitar la aceptación de correos potencialmente maliciosos.

El servidor SMTP en *Postfix* se encarga de enviar los correos electrónicos salientes. Para configurar un servidor SMTP en *Linux* con *Postfix,* se pueden seguir estos pasos:

1. Instalar *Postfix* (si aún no está instalado):

```
sudo apt-get install postfix
```

2. Configurar *Postfix* para escuchar exclusivamente en la interfaz de bucle invertido. Esto significa que *Postfix* solo aceptará conexiones de red desde el mismo sistema en el que está instalado. En otras palabras, solo las aplicaciones que se ejecuten en el mismo servidor podrán utilizar *Postfix* para enviar correos electrónicos:

```
# Configura Postfix para escuchar exclusivamente en la interfaz de bucle invertido
sudo nano /etc/postfix/main.cf
# Añade o modifica la linea: inet_interfaces = loopback-only
```

3. Reiniciar *Postfix:*

```
sudo systemctl restart postfix
```

4.2. Servidor POP/IMAP (protocolo de oficina de Correos / protocolo de acceso a mensajes de internet)

Estos servidores se ocupan de gestionar los correos electrónicos entrantes. Para optimizar su rendimiento, se recomienda:

- **Limitación del tamaño de los buzones:** establecer un límite al tamaño de los buzones para prevenir sobrecargas.
- **Creación de índices de búsqueda:** desarrollar índices para facilitar y acelerar la búsqueda de correos.
- **Uso de caché:** implementar sistemas de caché para disminuir la demanda sobre el servidor.
- **Seguridad:** aplicar medidas de autenticación segura y control de acceso.
- **Copias de seguridad periódicas:** efectuar respaldos regulares para proteger la información almacenada.

Ejemplo

A continuación, se muestra un ejemplo en un servidor POP/IMAP (recepción de correos electrónicos):

I **Tamaño de buzón:** los buzones de los empleados de la empresa Lannister tienen un límite de 2 GB. Cuando un buzón alcanza este límite, se notifica al usuario para que archive o elimine correos antiguos.
I **Índices de búsqueda:** un usuario busca un correo específico con el asunto "Informe trimestral". El servidor POP/IMAP utiliza índices para encontrar rápidamente el correo en lugar de escanear todos los mensajes.
I **Caché:** los encabezados de los correos electrónicos se almacenan en caché temporalmente. Cuando un usuario abre su bandeja de entrada, el servidor utiliza el caché para cargar rápidamente los datos comunes.
I **Seguridad:** se implementa autenticación de dos factores para acceder a los buzones. Los usuarios deben proporcionar un código adicional, además de su contraseña para iniciar sesión.
I **Respaldos regulares:** cada noche, se realiza una copia de seguridad de los buzones en una ubicación segura. Esto protege los datos en caso de fallas del servidor.

En *hMailServer,* los servidores POP/IMAP (protocolo de oficina de Correos / protocolo de acceso a mensajes de internet) desempeñan un papel fundamental en la gestión de los correos electrónicos entrantes.

Para optimizar su rendimiento y asegurar una operación efectiva y segura, se recomiendan diversas configuraciones y prácticas, como se evidencia en las siguientes imágenes:

■ Establecer el número máximo de conexiones simultáneas:

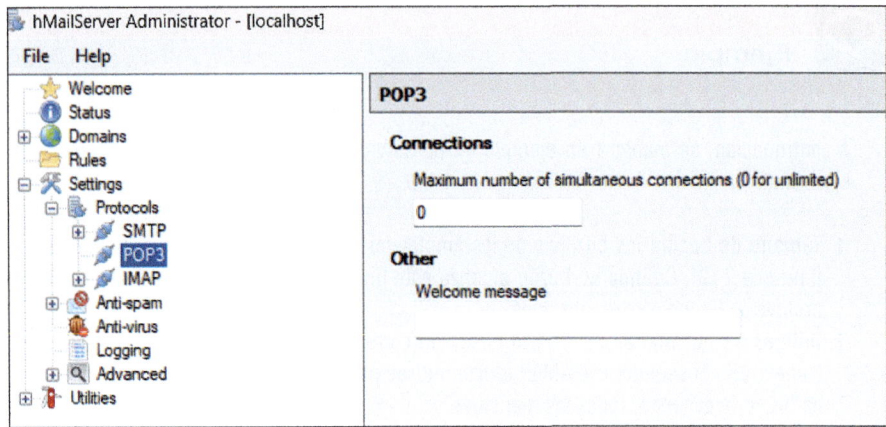

El número máximo de conexiones simultáneas está establecido en "0" para ambos servidores, lo cual podría interpretarse como ilimitado. Es esencial gestionar adecuadamente este aspecto para evitar sobrecargas en el servidor debido a un alto número de conexiones concurrentes.

- Se puede configurar un mensaje de bienvenida en los servidores POP3 e IMAP de *hMailServer:*

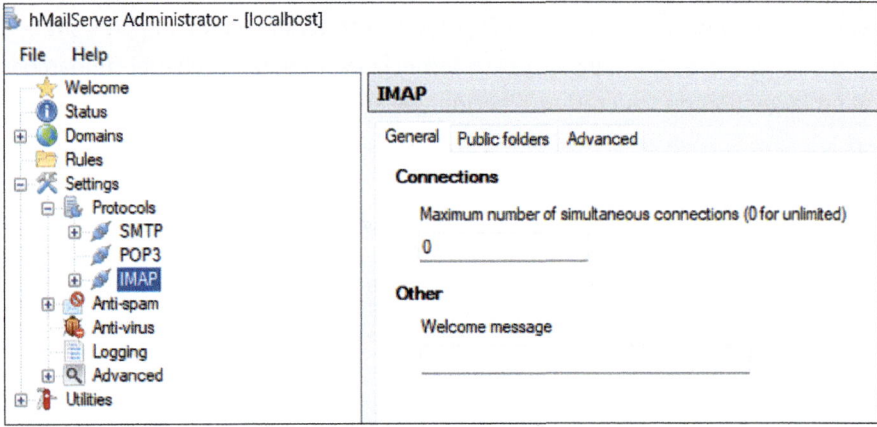

Esta opción proporciona una herramienta útil para comunicar información relevante o avisos de seguridad a los usuarios al conectarse. Configurar un mensaje de bienvenida puede mejorar la experiencia del usuario y proporcionar instrucciones o advertencias importantes.

■ En *hMailServer* se pueden configurar carpetas públicas a las que podrán acceder múltiples usuarios:

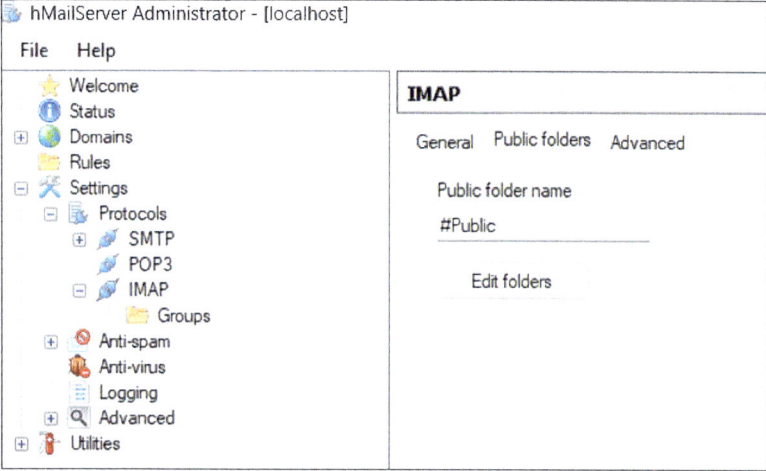

Esto facilita la colaboración y el acceso compartido a información relevante. Configurar carpetas públicas en IMAP permite a los usuarios compartir y acceder a correos electrónicos y documentos importantes de manera eficiente y organizada, lo que mejora la colaboración en equipo.

■ El servidor IMAP de *hMailServer* ofrece extensiones avanzadas como IMAP Sort, IMAP Quota, IMAP Idle y IMAP ACL:

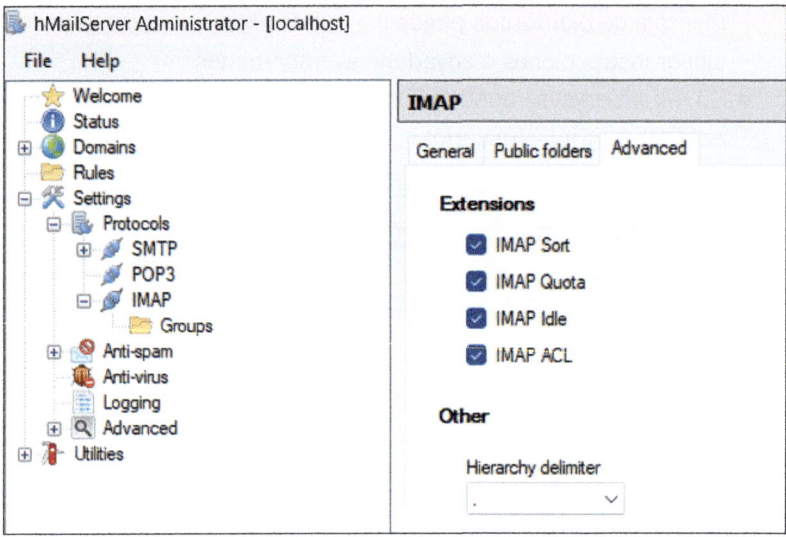

Estas extensiones permiten una gestión más eficiente de los correos, facilitan la búsqueda, optimizan el almacenamiento de buzones y mejoran la seguridad a través del control de acceso detallado. Implementar estas configuraciones puede mejorar significativamente el rendimiento y la funcionalidad del servidor de correo.

Los servidores POP/IMAP en *Linux* suelen ser gestionados por *Dovecot,* un servidor de correo electrónico de código abierto que se integra bien con *Postfix.* Para ello:

1. Instalar *Dovecot* (si aún no está instalado):

```
sudo apt-get install dovecot-imapd
```

2. Configurar *Dovecot* para utilizar TLS, modificando el archivo de configuración /etc/dovecot/conf.d/10-ssl.conf6:

```
sudo nano /etc/dovecot/conf.d/10-ssl.conf
```

3. Asegurarse de tener en cuenta como mínimo las tres directivas siguientes: ssl_protocols, ssl_cipher_list, ssl_prefer_server_ciphers6. Por ejemplo, la siguiente línea en /etc/dovecot/conf.d/10-ssl.conf solo permite TLS 1.1 y posteriores: ssl_protocols = !SSLv2 !SSLv3 !TLSv1.

Nota

En el archivo de configuración /etc/dovecot/conf.d/10-ssl.conf de *Dovecot,* la línea ssl_protocols = !SSLv2 !SSLv3 !TLSv1 determina las versiones del protocolo TLS *(Transport Layer Security)* que deben ser deshabilitadas. En este contexto, las versiones SSLv2, SSLv3 y TLSv1 están desactivadas.

Esta configuración se implementa por motivos de seguridad. Las versiones más antiguas de los protocolos SSL y TLS presentan vulnerabilidades que los atacantes pueden explotar. Al deshabilitar estas versiones, se minimiza el riesgo de que las vulnerabilidades sean explotadas para interceptar o alterar comunicaciones seguras.

Las directivas ssl_protocols, ssl_cipher_list y ssl_prefer_server_ciphers juegan un papel importante en la configuración de la seguridad de las conexiones TLS en *Dovecot:*

▌ ssl_protocols: se utiliza para definir qué versiones del protocolo TLS deben estar habilitadas o deshabilitadas.
▌ ssl_cipher_list: esta directiva especifica las *suites* de cifrado que se deben habilitar o deshabilitar.
▌ ssl_prefer_server_ciphers: establece si se deben priorizar las *suites* de cifrado especificadas por el servidor por encima de las preferidas por el cliente, lo cual puede contribuir a una mayor seguridad del servidor.

Aplicación práctica

Como administrador de sistemas de correo electrónico, se puede encontrar en situaciones diversas que requieren ajustes específicos en los servidores SMTP y POP/IMAP. Cada situación exige una decisión informada para mejorar el rendimiento y la seguridad del sistema.

Continúa en página siguiente >>

<< Viene de página anterior

A continuación, se exponen varios contextos hipotéticos relacionados con el funcionamiento de los servidores SMTP y POP/IMAP. Seleccione la acción más apropiada para optimizar el rendimiento y la seguridad en cada escenario:

a. Hay un aumento significativo en el volumen de correos electrónicos salientes, lo que causa retrasos en la entrega.
b. Se reportan intentos de interceptación y alteración de correos electrónicos en tránsito.
c. Algunos usuarios se quejan de la lentitud al buscar correos antiguos en sus bandejas de entrada.
d. Existen preocupaciones sobre la seguridad y el acceso no autorizado a las cuentas de correo.
e. El servidor POP/IMAP está experimentando una alta demanda y un rendimiento lento.

SOLUCIÓN

Para el aumento en el volumen de correos salientes: configurar la cola de mensajes en el servidor SMTP para procesar los correos salientes de manera más eficaz.

Ante los intentos de interceptación de correos: activar métodos de autenticación seguros como STARTTLS o SSL/TLS en el servidor SMTP.

Para la lentitud en la búsqueda de correos antiguos: crear índices de búsqueda en el servidor POP/IMAP para facilitar y acelerar la búsqueda.

Frente a las preocupaciones de seguridad: aplicar medidas de autenticación segura y un control de acceso en los servidores POP/IMAP.

Ante la alta demanda y rendimiento lento del servidor POP/IMAP: implementar sistemas de caché en el servidor para disminuir la demanda y mejorar el rendimiento.

---

5. Servidor web, filtros antivirus/*antispam*

En el proceso de mejora del rendimiento del sistema de correo electrónico, es imprescindible abordar dos componentes fundamentales: el servidor web y los mecanismos de defensa contra virus y *spam*. A continuación, se detallan estrategias avanzadas y actualizaciones pertinentes para cada uno.

5.1. Servidor web

El servidor web actúa como núcleo para procesar las peticiones HTTP/HTTPS asociadas al correo electrónico. Para potenciar su eficiencia es recomendable:

- **Implementación de *hardware* de avanzada:** es vital disponer de un servidor web con la capacidad de procesar un gran volumen de solicitudes simultáneamente, lo cual garantiza un funcionamiento óptimo.
- **Uso de balanceadores de carga avanzados:** emplear tecnologías modernas de balanceo de carga permite una distribución más eficaz de las solicitudes a múltiples servidores, con lo que se optimiza la disponibilidad y la respuesta del sistema.
- **Estrategias de escalabilidad modular:** distribuir los servicios en diferentes servidores según su funcionalidad específica, como separar la interfaz web del manejo de correos POP/IMAP, facilita la escalabilidad y mejora la gestión de recursos.
- **Optimización del sistema operativo:** la configuración detallada del sistema operativo, incluyendo la optimización de la gestión de memoria y procesos, contribuye significativamente al rendimiento del servidor web.

También es esencial mantener el servidor web y sus componentes actualizados con las últimas versiones y parches de seguridad. Esto incluye el *software* del servidor web, los sistemas de gestión de bases de datos y los lenguajes de programación utilizados. Las actualizaciones regulares ayudan a prevenir vulnerabilidades de seguridad y a asegurar la compatibilidad con las últimas tecnologías y estándares web.

Además, para asegurar las comunicaciones entre el cliente de correo y el servidor, es fundamental implementar y mantener actualizados los protocolos TLS *(Transport Layer Security)* o SSL *(Secure Sockets Layer)*. Esto garantiza que los datos transmitidos, incluyendo credenciales de usuario y contenido de mensajes, estén cifrados y protegidos contra interceptaciones.

Ejemplo

A continuación, se muestra un ejemplo de servidor web: implementación de *hardware* avanzado:

I Situación práctica: imagine que es administrador de sistemas de una empresa de comercio electrónico que maneja un alto tráfico de usuarios en su sitio web. Durante las temporadas de ventas, la carga en el servidor web aumenta significativamente debido a las numerosas solicitudes de los clientes. Para mejorar el rendimiento, decide actualizar el *hardware* del servidor web.
I Acción tomada: adquiere un nuevo servidor con las siguientes especificaciones:

I Procesadores Intel Xeon de última generación con múltiples núcleos.
I 64 GB de RAM para manejar eficientemente las conexiones concurrentes
I Almacenamiento SSD RAID para acceder rápidamente a los archivos y datos.

I Resultado esperado: el nuevo servidor web procesa las solicitudes de los clientes de manera más rápida y eficiente, lo que mejora la experiencia del usuario y aumenta las ventas durante los picos de tráfico.

5.2. Filtros antivirus/*antispam*

La implementación de filtros antivirus y *antispam* juega un papel clave en la protección del sistema de correo electrónico frente a amenazas externas y la minimización del *spam*. Entre las prácticas recomendadas se incluyen:

■ **Configuración avanzada de filtros:** utilizar herramientas especializadas para definir con precisión las reglas de filtrado, permitiendo la identificación y gestión eficiente del *spam* y de los mensajes maliciosos, incluso mediante el análisis de contenido y remitente.
■ **Implementación de listas blancas dinámicas:** mantener listas blancas actualizadas asegura que los mensajes legítimos sean correctamente identificados y entregados, con lo que se evitan falsos positivos.
■ **Detección de *phishing* y suplantación de identidad:** incorporar tecnologías avanzadas para identificar intentos de suplantación y *phishing,* lo que mejora la seguridad del sistema.

- **Etiquetado inteligente de mensajes:** implementar sistemas que marquen automáticamente los correos detectados como *spam* o virus, lo cual facilita que los usuarios los identifiquen y los gestionen.

 Definición

Phishing
Es una técnica de fraude en línea que busca engañar a las personas para obtener información confidencial como contraseñas o números de tarjetas de crédito. Los atacantes imitan a entidades legítimas mediante correos electrónicos o mensajes que parecen auténticos para persuadir a los usuarios a que les revelen sus datos personales. Este tipo de ataques puede causar robos de identidad, fraudes financieros y otros problemas graves. El *phishing* también se clasifica como una forma de ingeniería social, se manipula a individuos para actuar de manera perjudicial para sí mismos.

Además, integrar filtros *antispam* que utilicen algoritmos de aprendizaje automático y técnicas de inteligencia artificial puede mejorar significativamente la precisión en la detección de *spam* y mensajes maliciosos. Estas tecnologías son capaces de adaptarse y evolucionar con las tácticas cambiantes de los atacantes, ofreciendo una protección más efectiva y dinámica.

 Ejemplo

A continuación, se presenta un ejemplo sobre filtros antivirus y *antispam,* la protección del sistema de correo electrónico:

I Situación práctica: es administrador de TI de una empresa mediana con una infraestructura de correo electrónico. Últimamente, los empleados han estado recibiendo correos electrónicos no deseados y algunos archivos adjuntos maliciosos. Quiere fortalecer la seguridad del sistema de correo electrónico.

Continúa en página siguiente >>

<< Viene de página anterior

I Acción tomada: implementa filtros antivirus y **antispam:**
I Filtro antivirus:

- I Configura el filtro para escanear todos los correos electrónicos entrantes en busca de archivos adjuntos con extensiones sospechosas (por ejemplo, .exe, .bat).
- I Si se detecta un archivo malicioso, el filtro bloquea el correo y lo notifica al administrador.

I Filtro *antispam:*

- I Analiza el contenido de los correos electrónicos en busca de señales de *spam,* como palabras clave o enlaces dudosos.
- I Asigna una puntuación a cada correo según su contenido y la reputación del remitente.
- I Si la puntuación supera un umbral predefinido, el correo se clasifica como *spam* y se coloca automáticamente en la carpeta de *spam.*

I Resultado esperado: los filtros protegen eficazmente el sistema de correo electrónico contra amenazas de virus y reducen la cantidad de correos no deseados en las bandejas de entrada de los empleados.

Aplicación práctica

A continuación, se exponen varios contextos hipotéticos. Para cada uno deberá seleccionar la acción más apropiada de un conjunto de estrategias avanzadas y actualizaciones pertinentes. Estas acciones se centran en mejorar el servidor web y en optimizar los filtros antivirus y *antispam:*

a. El servidor web ofrece tiempos de respuesta lentos porque el volumen de solicitudes es alto.
b. Algunos usuarios han tenido problemas de seguridad y compatibilidad al acceder a sus correos.
c. Aumento significativo en la recepción de correos electrónicos no deseados y maliciosos.
d. Necesidad de expandir el sistema de correo electrónico por un aumento previsto en tráfico y procesamiento.

Continúa en página siguiente >>

<< Viene de página anterior

e. Los correos electrónicos legítimos son frecuentemente marcados como *spam,* lo que resulta un inconveniente para los usuarios.

SOLUCIÓN

Servidor web con tiempos de respuesta lentos: implementar *hardware* de avanzada y usar balanceadores de carga avanzados para manejar de forma eficiente el alto volumen de solicitudes.

Problemas de seguridad y compatibilidad en el acceso al correo: actualizar y mantener los protocolos TLS/SSL y realizar actualizaciones regulares del *software* del servidor web y sus componentes para mejorar la seguridad y compatibilidad.

Incremento en correos electrónicos no deseados y maliciosos: utilizar configuración avanzada de filtros antivirus/*antispam* y tecnologías de aprendizaje automático para que los correos maliciosos se detecten y se gestionen mejor.

Necesidad de expandir el sistema de correo electrónico: adoptar estrategias de escalabilidad modular, distribuyendo servicios en diferentes servidores y optimizando el sistema operativo para un manejo eficiente de los recursos.

Correos legítimos marcados como *spam:* implementar listas blancas dinámicas y sistemas de etiquetado inteligente para mejorar la identificación de correos legítimos y reducir falsos positivos.

6. Escalado de un sistema de correo: separación de servicios. Balanceo de carga, alta disponibilidad

En el marco de la mejora del rendimiento de los sistemas de correo electrónico, dos enfoques estratégicos para manejar el crecimiento son el escalado efectivo y la implementación de soluciones que garanticen una alta disponibilidad. Estos métodos contribuyen a la creación de un sistema robusto y eficaz:

- **Estrategias para el escalado de un sistema de correo:**

  - **División de funcionalidades:** la distribución de servicios por separado en diversos servidores, según sus roles específicos, como un servidor exclusivo para la gestión de la interfaz web y otro para el manejo de correos POP/IMAP, facilita un escalado preciso basado en las demandas individuales de cada servicio. Esta estrategia permite una expansión flexible y eficiente del sistema.

▮ Balanceo de carga efectivo: el empleo de tecnología de balanceo de carga es vital para repartir uniformemente las peticiones entrantes a través de múltiples servidores, lo que optimiza tanto la disponibilidad como la velocidad de respuesta del sistema. Los balanceadores de carga modernos no solo distribuyen la carga, sino que también pueden realizar comprobaciones de salud para redirigir el tráfico de servidores que presenten problemas.

▮ Afinamiento del sistema operativo: la optimización de la configuración del sistema operativo, incluyendo una gestión eficiente de la memoria y los procesos, es clave para maximizar la capacidad de respuesta y el rendimiento de los servidores. Ajustes como la configuración del kérnel, el *tuning* de la red y la optimización de sistemas de archivos pueden tener un impacto significativo.

■ Implementación de alta disponibilidad:

▮ Sistemas de *failovers* automáticos: la implementación de soluciones de *failover* garantiza que, ante el fallo de un servidor, otro pueda asumir automáticamente su carga de trabajo, minimizando así los tiempos de inactividad. Esta redundancia operativa es fundamental para mantener la continuidad del servicio.

▮ *Clustering* de servidores: la configuración de servidores en clústeres para la gestión conjunta de la carga y la redundancia permite que, en caso de fallo de uno, los demás puedan continuar brindando el servicio sin interrupciones. Esta estrategia no solo aporta escalabilidad, sino también una mayor fiabilidad.

▮ Balanceadores de carga avanzados: los ADC (controladores de entrega de aplicaciones) modernos van más allá del simple balanceo de carga, ofrecen capacidades de inteligencia artificial para anticipar y distribuir el tráfico de manera más eficaz, además de proporcionar funciones avanzadas como la terminación SSL, inspección de paquetes y defensas contra ataques DDoS.

Además, tecnologías emergentes como la virtualización y la computación en la nube ofrecen opciones de escalabilidad horizontal y vertical más flexibles y rentables, lo que permite un crecimiento dinámico del sistema de correo electrónico sin la necesidad de inversión en *hardware* adicional. La implementación de contenedores, por ejemplo, facilita el despliegue rápido de servicios escalables y aislados, mientras que la adopción de infraestructura como servicio (IaaS) o plataforma como servicio (PaaS) puede simplificar la gestión de recursos y la automatización del escalado.

 Ejemplo

Para explicar de manera clara las estrategias de escalado y alta disponibilidad en sistemas de correo electrónico, se presentarán ejemplos concretos que muestran cómo compañías líderes y tecnologías específicas implementan estas estrategias:

▌ **Google Workspace/Gmail:** *Google* emplea una infraestructura de microservicios para sus aplicaciones de *Google Workspace,* incluido *Gmail.* Esta estructura facilita el escalado independiente de servicios, tales como la interfaz de usuario, la sincronización de correos y la búsqueda. Cada uno opera como microservicio separado que puede ajustarse según la demanda. Además, *Google* recurre a balanceadores de carga globales para repartir el tráfico de manera eficiente a través de sus centros de datos en todo el mundo, garantizando de esta manera una alta disponibilidad y un rendimiento constante.

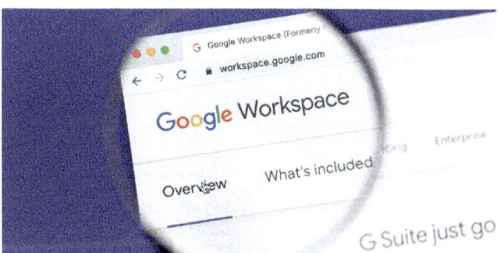

Google Workspace incorpora aprendizaje automático en Gmail para que la clasificación de correos sea más eficiente y escalable. (© Fotografía: IB Photography / Shutterstock.com)

▌ **Microsoft Exchange Online:** emplea un modelo de servicio dividido en el que las capacidades de procesamiento de correos, la gestión de calendarios y las operaciones de

Continúa en página siguiente >>

<< Viene de página anterior

búsqueda están segregadas en distintos roles de servidor. Esto permite un escalado eficiente de cada función según sea necesario. Microsoft también utiliza balanceadores de carga para manejar el tráfico entrante y garantizar una distribución equitativa de las cargas de trabajo.

Microsoft Exchange Online integra seguridad avanzada y antimalware, con la consiguiente mejora en rendimiento y seguridad. (© Fotografía: Mojahid Mottakin / Shutterstock.com)

En cuanto a alta disponibilidad en sistemas de correo electrónico, se exponen los siguientes ejemplos:

▪ **Amazon SES (Simple Email Service):** *Amazon SES* es un ejemplo de cómo los servicios en la nube pueden proporcionar alta disponibilidad. Diseñado para enviar y recibir correo electrónico a escala, SES se ejecuta dentro de la infraestructura de *Amazon Web Services* (AWS), aprovechando la redundancia de múltiples zonas de disponibilidad. Esto asegura que, incluso si una zona experimenta una falla, el servicio puede continuar operando sin interrupciones significativas.

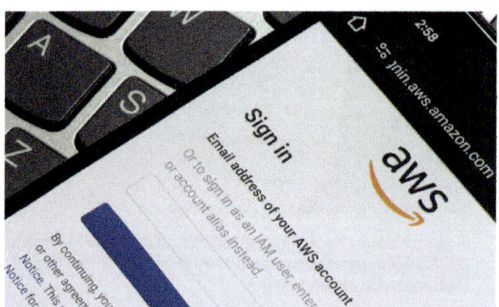

Amazon SES amplía la personalización y el seguimiento de e-mails, enriqueciendo el análisis de las campañas de marketing. (© Fotografía: Tada Images / Shutterstock.com)

Continúa en página siguiente >>

<< Viene de página anterior

▌ ***Zimbra Collaboration Suite:*** *Zimbra* ofrece funcionalidades para asegurar la alta disponibilidad a través de su configuración en clúster. Al agrupar servidores en un clúster, *Zimbra* puede distribuir la carga y proporcionar un servicio continuo, incluso en caso de fallo de uno de los servidores del clúster. Además, soporta el balanceo de carga y el *failover* automático para minimizar el tiempo de inactividad.

Zimbra mejora su interfaz y colaboración en tiempo real, elevando la productividad sin afectar a su disponibilidad.

A continuación, se exponen ejemplos sobre tecnologías específicas para escalado y alta disponibilidad:

▌ ***Docker* y *Kubernetes:*** para empresas que gestionan su propio sistema de correo electrónico, la utilización de contenedores *Docker* y la orquestación con *Kubernetes* permite un escalado eficiente y una alta disponibilidad. *Kubernetes* puede gestionar automáticamente el escalado horizontal de contenedores basándose en la demanda. Su sistema de *pods* y servicios permite la implementación de estrategias de *failover* y balanceo de carga.

Kubernetes mejora la gestión de recursos y automatiza despliegues, lo que facilita la escalabilidad y la gestión de aplicaciones.

Continúa en página siguiente >>

<< Viene de página anterior

I ***HAProxy*** **y** ***Nginx:*** son balanceadores de carga ampliamente utilizados que pueden distribuir el tráfico entre servidores de correo electrónico para mejorar la capacidad de respuesta y la disponibilidad. *HAProxy* se destaca por su alta configurabilidad y por su capacidad para manejar un gran número de conexiones simultáneas, mientras que *Nginx,* conocido por su rendimiento y eficiencia, se utiliza tanto para balanceo de carga como para servir contenido estático en aplicaciones web.

Nginx actualiza su manejo de correo, mejorando el soporte de protocolos y eficiencia en las conexiones para optimizar el rendimiento.

Actividades

4. ¿Qué estrategias y ajustes específicos pueden implementarse en los servidores SMTP y POP/IMAP para optimizar el rendimiento de un sistema de correo electrónico, incluyendo la configuración de colas de mensajes y medidas de seguridad?
5. ¿Cómo pueden mejorarse el rendimiento y la seguridad de un servidor web en un entorno de sistema de correo electrónico, y cuál es la importancia de mantener actualizados los protocolos TLS o SSL y los componentes del servidor web?
6. ¿De qué manera pueden aplicarse estrategias de escalado efectivo y la implementación de soluciones de alta disponibilidad, como sistemas de *failovers* automáticos y *clustering* de servidores, para manejar el crecimiento y asegurar la continuidad en los sistemas de correo electrónico?

7. Resumen

El rendimiento de un sistema de correo electrónico se ve influenciado por tres componentes principales: *hardware,* sistema operativo y aplicaciones. El *hardware* proporciona la base física necesaria para procesar y almacenar *e-mails,* así como para su transmisión a través de la red. La eficacia con la que estos procesos se llevan a cabo depende en gran medida de la capacidad del *hardware* para manejar grandes volúmenes de datos, y la rapidez de procesamiento y entrega de los mensajes. Por otro lado, el sistema operativo funciona como el enlace entre el *hardware* y las aplicaciones de correo, su configuración y optimización son clave para el uso efectivo de los recursos físicos. Las aplicaciones, incluyendo los servidores SMTP y POP/IMAP, y también las herramientas de seguridad, son esenciales para la rapidez en la gestión de correos. Que esté adecuadamente configurado juega un papel importante en la optimización del rendimiento, sin comprometer la seguridad.

Para optimizar un sistema de correo electrónico, es fundamental mantener actualizado el *hardware,* lo cual garantiza su capacidad para procesar y almacenar eficientemente los correos electrónicos. Esto incluye una actualización regular para aumentar la capacidad de procesamiento y almacenamiento, además de asegurar escalabilidad para adaptarse al crecimiento. El sistema operativo debe estar configurado para que el uso de recursos sea eficiente y para que se mantenga actualizado, de modo que garantice seguridad y compatibilidad con aplicaciones modernas. Las aplicaciones deben ser seleccionadas por su eficiencia y configuradas para una gestión rápida de correos, implementando medidas de seguridad avanzadas.

La red juega un papel clave en la optimización del sistema de correo electrónico, se enfoca en mejorar la conectividad y la velocidad de intercambio de datos. Es importante configurar adecuadamente los servidores, asegurar un ancho de banda adecuado y minimizar los retrasos. La gestión eficaz de la memoria es vital, dado que una adecuada administración de la RAM puede significar una mejora notable en el rendimiento del sistema. Priorizar procesos críticos y asegurar un entorno seguro son pasos esenciales para maximizar la eficiencia operativa del sistema de correo.

El escalado y la alta disponibilidad son estrategias clave para manejar el crecimiento en sistemas de correo electrónico. La separación de servicios en diferentes servidores permite un escalado preciso, mientras que el balanceo de carga y el uso de tecnologías como la virtualización y la nube ofrecen flexibilidad y eficiencia. Los sistemas de *failover, clustering* de servidores y balanceadores de carga avanzados aseguran que el servicio permanezca operativo y eficiente, incluso frente a fallos o picos de demanda. Estas estrategias, junto con una constante actualización y optimización de cada componente, garantizan un sistema de correo electrónico rápido, seguro y capaz de adaptarse a las necesidades futuras.

Ejercicios de repaso y autoevaluación

1. ¿Cuáles son los tres componentes clave que influyen en el rendimiento de un sistema de correo electrónico?

2. Explique cómo el *hardware* influye en el rendimiento de un sistema de correo electrónico.

3. ¿Cuál de las siguientes no es una función del sistema operativo en un sistema de correo electrónico?

   a. Gestionar recursos físicos.
   b. Proporcionar un entorno seguro y estable para aplicaciones.
   c. Gestionar directamente las colas de mensajes de correo electrónico.
   d. Configurarse para un uso eficiente de los recursos.

4. Mencione dos formas en que las aplicaciones de correo electrónico pueden ser optimizadas.

5. ¿Cuál es la importancia de la actualización regular del *hardware* en un sistema de correo electrónico?

6. Indique dos acciones sugeridas para la optimización de la red en los sistemas de correo electrónico.

_____

_____

7. ¿Cuál de estas no es una recomendación para la gestión eficaz de la memoria en un sistema de correo electrónico?

    a. Supervisión del uso de memoria
    b. Liberación de memoria cerrando programas no esenciales
    c. Desactivación periódica de servicios de correo para liberar memoria
    d. Optimización del uso de caché

8. Explique la importancia de la priorización de procesos críticos en un sistema de correo electrónico.

_____

_____

_____

_____

9. En el contexto de los servidores SMTP, ¿qué implica la configuración de la cola de mensajes?

_____

_____

10. ¿Cuál de los siguientes no es una estrategia de optimización para servidores POP/IMAP?

    a. Limitación del tamaño de los buzones
    b. Creación de índices de búsqueda
    c. Restricción del número de correos enviados por usuario
    d. Uso de caché para disminuir la demanda sobre el servidor

11. Mencione una acción sugerida para mejorar la seguridad en un sistema de correo electrónico.

_____

_____

12. ¿Cómo influye la configuración del número máximo de conexiones simultáneas en la eficiencia del servidor SMTP?

    a. Estableciendo un número alto de conexiones simultáneas puede maximizar la capacidad de procesamiento de correos, pero también puede incrementar el riesgo de sobrecargas del servidor.

    b. Un número limitado de conexiones simultáneas aumenta el tiempo de espera para la entrega de correos, lo cual mejora la seguridad del servidor.

    c. Reduciendo el número de conexiones simultáneas se disminuye la eficiencia del servidor al procesar correos.

    d. Un número ilimitado de conexiones simultáneas garantiza una mejor autenticación y seguridad al procesar correos.

13. ¿Cuál de las siguientes no es una función de un servidor web en un sistema de correo electrónico?

    a. Procesar peticiones HTTP/HTTPS asociadas al correo electrónico.

    b. Implementar _hardware_ avanzado para gestionar las solicitudes.

    c. Gestionar directamente la cola de mensajes de correo electrónico.

    d. Usar balanceadores de carga avanzados.

14. Mencione una práctica recomendada para la implementación de filtros antivirus/antispam en un sistema de correo electrónico.

_____

_____

15. ¿Qué papel juega el uso de tecnologías como *ReadyBoost* en la mejora del rendimiento de un sistema de correo electrónico?

Capítulo 3
Monitorización del sistema

Contenido

1. Introducción

Para garantizar el óptimo funcionamiento y la seguridad de un sistema de correo electrónico es esencial configurar adecuadamente un sistema de monitorización y prestar atención a los parámetros de rendimiento más relevantes. La configuración de este sistema implica la elección de herramientas compatibles con todos los componentes críticos, como los servidores SMTP, POP/IMAP, los balanceadores de carga y los *firewalls.* Se recomienda optar por soluciones que ofrezcan monitorización en tiempo real, alertas automáticas y generación de informes detallados. Una vez seleccionadas, se deben instalar sensores o agentes en los servidores y configurarlos para recoger datos de métricas específicas, con lo que se establecen umbrales de alerta para detectar desviaciones y garantizar la recogida precisa de datos mediante pruebas previas a su puesta en marcha.

La monitorización eficiente se centra en parámetros clave como la utilización de CPU y memoria, el espacio en disco, la latencia de la red y los tiempos de respuesta, así como las tasas de entrega y rechazo de correos. Supervisar el uso de CPU y memoria ayuda a identificar posibles sobrecargas, mientras que el seguimiento del espacio en disco evita errores de entrega por falta de almacenamiento. La latencia de red y los tiempos de respuesta son indicativos de la eficiencia con la que se envían y reciben los correos. Un aumento en los correos rechazados puede señalar problemas de configuración o seguridad. Además, el monitoreo de la actividad de los servicios de correo revela tendencias de uso y ayuda a prevenir abusos.

Mediante la implementación de una estrategia detallada de monitorización y centrando la atención en estas métricas, las organizaciones pueden asegurar la eficiencia y fiabilidad de sus sistemas de correo electrónico. Esta aproximación permite identificar y solucionar proactivamente posibles incidencias, optimizando el sistema para responder a futuras demandas y manteniendo un servicio de correo electrónico rápido, seguro y adaptable.

2. Configuración de un sistema de monitorización

La implementación de un sistema de monitorización en un sistema de correo electrónico resulta esencial para asegurar su óptimo funcionamiento y su disponibilidad constante. Los aspectos fundamentales incluyen:

- Evaluación y elección de herramientas:

  - Es importante realizar una evaluación meticulosa y escoger herramientas de monitorización que permitan supervisar de manera efectiva todos los elementos clave del sistema de correo, tales como los servidores SMTP, POP/IMAP, los balanceadores de carga y los sistemas de seguridad.
  - Es vital que estas herramientas proporcionen capacidades de seguimiento en tiempo real, generen alertas automáticas y posibiliten la elaboración de informes exhaustivos.
  - La compatibilidad con la infraestructura existente garantizará una integración fluida.

- Despliegue de sensores o agentes:

  - Es necesario desplegar sensores o agentes en los servidores de correo y en los demás componentes críticos.
  - La función de estos sensores es recoger información relevante sobre el estado y el rendimiento del sistema.
  - Se debe prestar atención especial a métricas fundamentales como el uso de la CPU, la memoria, el almacenamiento disponible y la latencia de la red.

- Configuración de umbrales de alerta:

  - Es clave determinar umbrales de alerta específicos para cada una de las métricas monitorizadas.
  - Estos umbrales deben establecerse teniendo en cuenta las prácticas recomendadas y las experiencias anteriores.

▪ La superación de estos límites podría indicar la presencia de anomalías o problemas relacionados con el rendimiento que requieren atención.

■ Ejecución de pruebas y validación:

▪ Antes de su implementación definitiva, es necesario llevar a cabo pruebas para comprobar la funcionalidad adecuada del sistema de monitorización.
▪ Estas pruebas deben incluir la simulación de diversos escenarios para confirmar tanto la precisión de las alertas generadas como la fiabilidad en la recopilación de datos.

En *Windows* con *hMailServer* se puede configurar un sistema de monitorización siguiendo los siguientes pasos:

1. Abrir *hMailServer Administrator.*
2. Navegar a **Settings → Protocols → SMTP** y seleccionar **Delivery of e-mail.** En esta sección, se puede ajustar la cola de envío para optimizar el procesamiento de correos salientes. Por ejemplo, configurar el "Number of retries" a tres intentos y el "Minutes between every retry" a diez minutos para asegurar que los mensajes se intenten enviar adecuadamente antes de marcarlos como no entregados:

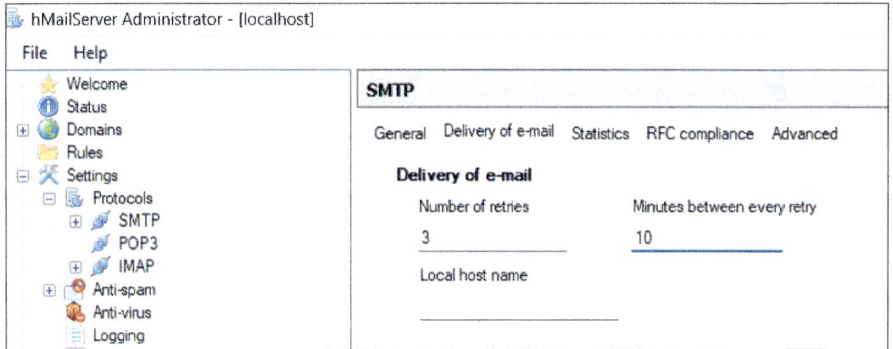

3. En **Settings → Advanced → IP Ranges,** configurar las políticas de reenvío de mensajes y medidas de seguridad, incluyendo la autenticación. Aquí se pueden definir diferentes rangos de IP para distintas políticas de seguridad. Por ejemplo, establecer que solo las IP dentro de la red corporativa pueden enviar sin autenticación, mientras que las IP externas requieren autenticación SMTP para enviar correos. Configurar, por ejemplo, un rango de IP 192.168.1.1 a 192.168.1.255 con la opción **Require SMTP authentication** desmarcada para permitir envíos internos sin autenticación:

General

Name	Priority
Red Corporativa	
Lower IP	Upper IP
192.168.1.1	192.168.1.255

☐ Expires

2024-05-17 14:15:01

Allow connections

☑ SMTP
☑ POP3
☑ IMAP

Other

☑ Anti-spam
☑ Anti-virus
☐ Require SSL/TLS for authentication

Allow deliveries from

☑ Local to local e-mail addresses
☑ Local to external e-mail addresses
☑ External to local e-mail addresses
☑ External to external e-mail addresses

Require SMTP authentication

☐ Local to local e-mail addresses
☐ Local to external e-mail addresses
☐ External to local e-mail addresses
☐ External to external e-mail addresses

4. Para el monitoreo y el registro de actividad, ir a **Settings → Logging** y elegir los eventos que se desean registrar. Por ejemplo, marcar **SMTP** para asegurarse de que todas las actividades SMTP se registren en los *logs:*

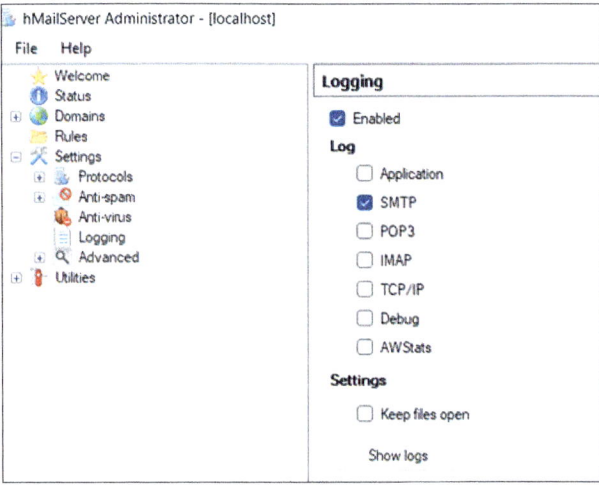

5. Configurar **Settings** → **Protocols** → **SMTP** → **Routes** para distribuir la carga de trabajo entre varios servidores SMTP. Por ejemplo, agregar una ruta especificando un "Remote host name", smtp.secundarioserver.com y configurar el "Remote TCP/IP port" en 25:

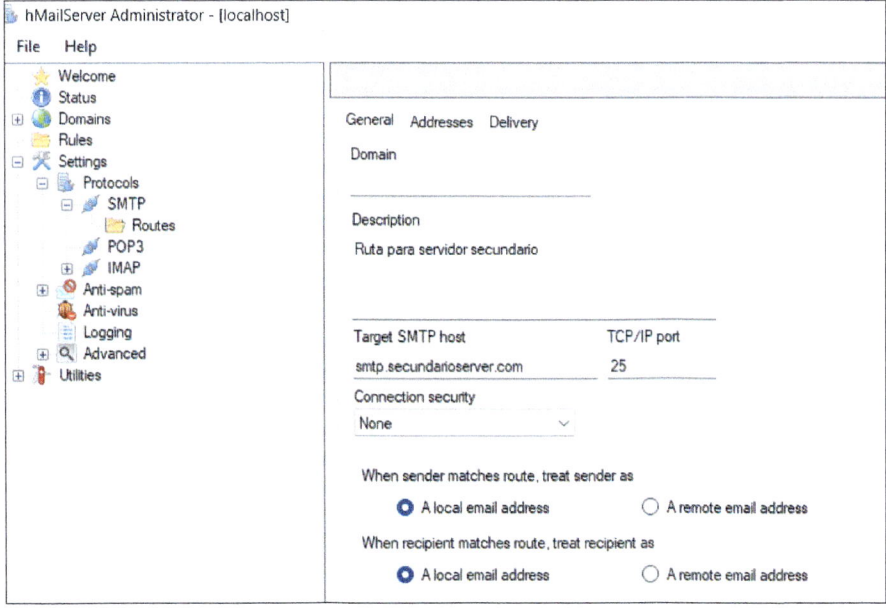

6. Después, habilitar *Server requires authentication* si el servidor remoto requiere autenticación, y proporcionar un nombre de usuario y una contraseña para la conexión. Esta configuración permite que *hMailServer* distribuya automáticamente la carga de envío a otro servidor SMTP cuando el tráfico es alto o si el servidor principal está en mantenimiento:

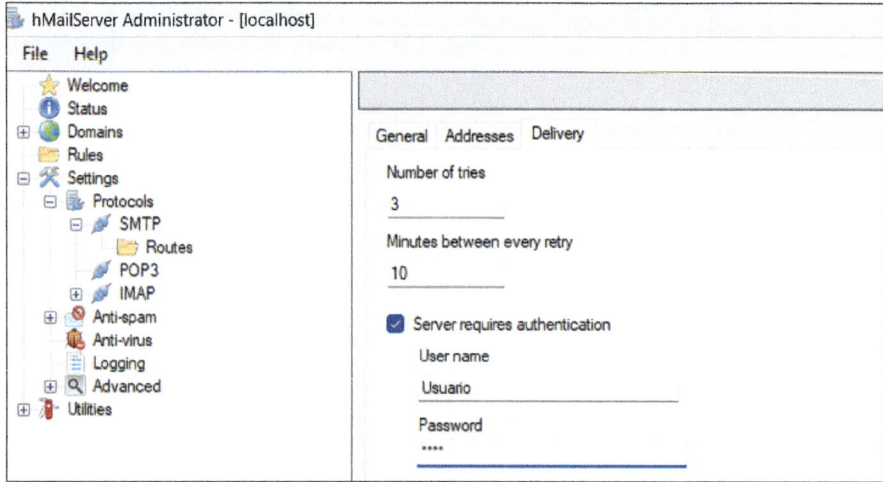

En *Linux* con *Postfix* el sistema de monitorización se configura así:

```
# 1. Abre el archivo de configuración principal de Postfix
sudo nano /etc/postfix/main.cf

# Dentro del archivo, puedes ajustar los siguientes parámetros:

# 2. Ajusta la cola de envío modificando el parámetro default_process_limit
default_process_limit = 100

# 3. Activa métodos de autenticación seguros
smtpd_tls_security_level = may
smtpd_tls_cert_file = /etc/ssl/certs/mailcert.pem
smtpd_tls_key_file = /etc/ssl/private/mail.key

# 4. Establece políticas de reenvío de mensajes
smtpd_recipient_restrictions = permit_mynetworks, permit_sasl_authenticated, reject_unauth_destination

# 5. Configura el registro de actividad
maillog_file = /var/log/maillog
debug_peer_list = 127.0.0.1

# 6. Distribuye la carga de trabajo entre varios servidores SMTP
smtp_connection_cache_destinations = smtp1.example.com, smtp2.example.com
```

1. Abrir el archivo de configuración principal de *Postfix* con **sudo nano /etc/postfix/main.cf.**
2. Ajustar la cola de envío modificando el parámetro **default_process_limit.**
3. Activar métodos de autenticación seguros configurando **smtpd_tls_security_level, smtpd_tls_cert_file** y **smtpd_tls_key_file, entre otros.**
4. Establecer políticas de reenvío de mensajes mediante **smtpd_recipient_restrictions.**
5. Configurar el registro de actividad en **maillog_file** y **debug_peer_list.**
6. Distribuir la carga de trabajo entre varios servidores SMTP mediante **smtp_connection_cache_destinations.**

Aplicación práctica

Una empresa de servicios financieros recientemente implementó un sistema de monitorización para su infraestructura de correo electrónico con el objetivo de mejorar la gestión y la disponibilidad del servicio. Después de la puesta en marcha del sistema, el departamento de TI comenzó a recibir informes de que las alertas generadas eran frecuentes y a menudo falsas, lo que causaba interrupciones innecesarias y sobrecarga de trabajo para el equipo técnico.

A pesar de que se instalaron herramientas de monitorización avanzadas y se desplegaron sensores en todos los componentes críticos del sistema de correo, las alertas que se generaban no reflejaban el estado real del sistema. Se observó que los umbrales de alerta se habían configurado sin suficiente análisis y no se alineaban con las necesidades operativas reales del sistema. Esto resultaba en numerosas alertas que no correspondían a problemas genuinos del sistema.

¿Cuál fue el paso incorrecto en la implementación del sistema de monitorización que llevó a la generación de alertas falsas y cómo debería corregirse?

SOLUCIÓN

El error estuvo en que se establecieron umbrales de alerta sin considerar adecuadamente las prácticas recomendadas ni las experiencias anteriores, lo que llevó a la generación de numerosas alertas falsas.

Continúa en página siguiente >>

<< Viene de página anterior

Para corregir este error, es fundamental revisar y reconfigurar los umbrales de alerta basándose en un análisis detallado de las métricas de rendimiento históricas y las recomendaciones de expertos en la materia. Deberían llevarse a cabo pruebas adicionales para validar la configuración de estos umbrales en diferentes escenarios operativos, asegurando que las alertas generadas reflejen con precisión situaciones que requieran intervención. Esta revisión y ajuste ayudarán a reducir las interrupciones innecesarias y mejorarán la eficacia del sistema de monitorización.

Actividades

1. ¿Cuáles son los aspectos fundamentales que se deben considerar al elegir herramientas de monitorización para un sistema de correo electrónico y cómo aseguran estas herramientas el seguimiento eficaz del sistema?
2. ¿Cómo se configuran y cuál es la importancia de establecer umbrales de alerta específicos en un sistema de monitorización para detectar anomalías en el rendimiento de un sistema de correo electrónico?

3. Monitorización de los parámetros de rendimiento más importantes del sistema

La monitorización efectiva de los parámetros de rendimiento en un sistema de correo electrónico abarca diversas métricas clave que reflejan el estado operativo del sistema. Entre estas, el uso de la CPU, la memoria, el espacio en disco y la latencia de la red destacan por su importancia, cada una aporta datos esenciales para evaluar distintos aspectos del rendimiento del sistema.

Uso de la CPU

La observación detallada del uso de CPU es vital para identificar periodos de alta demanda. Esta métrica ayuda a detectar cuellos de botella potenciales y subraya la importancia de mantener este uso dentro de límites que permitan al sistema gestionar picos de carga eficientemente.

Ejemplo

Imagine un escenario en el que se monitoriza el sistema de correo electrónico de una empresa durante una campaña de *marketing* por correo electrónico, la cual genera un volumen de tráfico significativamente mayor al habitual. Durante esta campaña, la herramienta de monitorización registra un aumento sostenido en el uso de la CPU del servidor de correo que alcanza el 85 % durante más de 10 min. Este nivel de utilización supera el umbral establecido del 80 %, lo que indica un periodo de alta demanda y potenciales cuellos de botella.

Memoria

Controlar la cantidad de memoria disponible es fundamental para evitar el agotamiento de los recursos, situación que podría decelerar o interrumpir el servicio. Es primordial garantizar que exista siempre suficiente memoria para soportar las necesidades operativas críticas del sistema.

Ejemplo

Suponga que una herramienta de monitorización como *Zabbix* está configurada para supervisar la memoria disponible en un servidor de correo electrónico. Detecta que la memoria disponible ha caído por debajo del 15 % durante un periodo prolongado. Este evento activa una alerta automática en el equipo de TI que indica que el sistema se está acercando a un punto crítico que podría ralentizar el procesamiento de correos o causar fallos en el servicio. El equipo responde aumentando la memoria disponible en el servidor, bien sea mediante la adición de recursos físicos o la optimización de aplicaciones para reducir el consumo de memoria. Así se tiene la seguridad de que el sistema puede continuar operando eficazmente.

Espacio en disco

Monitorizar el almacenamiento disponible es crucial para prevenir la saturación de capacidad, lo cual podría impedir la recepción o el envío de nuevos correos. Una gestión anticipada del espacio en disco es clave para la continuidad operativa.

 Ejemplo

En este escenario, una herramienta como *Nagios* monitoriza el espacio de disco en el servidor de correo electrónico. Registra que el espacio libre en el disco donde se almacenan los correos electrónicos ha descendido al 5 %, nivel que activa una alerta de capacidad. Ante esta alerta, el equipo de TI interviene limpiando archivos de *log* antiguos y correos electrónicos no necesarios de las cuentas de usuario, y considera la expansión del almacenamiento disponible. Esta acción preventiva evita interrupciones en el servicio de correo electrónico, asegura que todos los correos nuevos puedan ser recibidos y almacenados correctamente.

Latencia de la red

La supervisión de la latencia es imprescindible, dado su impacto directo en la rapidez de transmisión de los correos electrónicos. Identificar y resolver problemas de latencia mediante la mejora de la infraestructura o ajustes de configuración optimiza el rendimiento de la red.

 Ejemplo

Imagine que *Prometheus* está configurado para medir la latencia de red entre el servidor de correo electrónico y los puntos de acceso de los usuarios. Observa un aumento en la latencia media por encima de 120 ms, lo cual supera el umbral establecido, que es 100 ms.

Continúa en página siguiente >>

<< Viene de página anterior

Este aumento en la latencia podría retrasar significativamente la entrega de correos electrónicos. El equipo de TI investiga y descubre que el incremento en la latencia se debe a un problema con un proveedor de servicios de Internet. Como solución temporal, se ajustan las rutas de red y se inician conversaciones con el proveedor para resolver el problema de manera permanente. De este modo se mejora la velocidad de transmisión de los correos electrónicos.

Para complementar la monitorización de estas métricas es aconsejable establecer un sistema de alertas basado en umbrales predeterminados para cada parámetro. Así se detectan con anticipación de condiciones que puedan afectar negativamente al sistema. La configuración de estas alertas debe ser tal que facilite la comunicación inmediata con los administradores del sistema, de modo que se habilite una rápida intervención para investigar y solventar cualquier incidencia detectada.

Ejemplo

Ejemplo de tabla de umbrales de alerta para la monitorización de parámetros críticos en un sistema de correo electrónico:

Parámetro	Umbral de alerta	Tipo de alerta	Descripción
Uso de la CPU	>80 % durante más de 5 min	Alta	Indica una alta demanda de procesamiento y posibles cuellos de botella.
Memoria	<20 % disponible	Media	Señala riesgo de agotamiento de memoria, posibilidad de ralentización del sistema.
Espacio en disco	<10 % disponible	Alta	Alerta sobre espacio insuficiente en disco, riesgo de no poder recibir o enviar correos.

Continúa en página siguiente >>

<< Viene de página anterior

Parámetro	Umbral de alerta	Tipo de alerta	Descripción
Latencia de red	>100 ms entre servidores o en conexiones externas	Media	Sugiere problemas de red que afectan a la velocidad de envío y recepción de correos.

A continuación, se presenta una guía para monitorizar los parámetros de rendimiento más importantes del sistema de correo electrónico en *hMailServer (Windows)* y *Postfix (Linux)*:

Parámetro	*hMailServer (Windows)*	*Postfix (Linux)*	Métricas clave
Uso de la CPU	Utilizar herramientas como *Windows Task Manager* o *Performance Monitor* para visualizar en tiempo real el uso de CPU del servicio *hMailServer.*	Utilizar comandos como **top** o **htop** para monitorear el uso de CPU de *Postfix* en tiempo real.	Identificar períodos de alta demanda que puedan indicar cuellos de botella.
Memoria	*Performance Monitor* también puede ser utilizado para monitorear el uso de memoria por *hMailServer.*	Comandos como **free** o **vmstat** proporcionan información detallada sobre el uso de memoria por *Postfix.*	Controlar el uso de memoria para evitar la saturación y asegurar operaciones fluidas.
Espacio en disco	El explorador de *Windows* puede ser utilizado para verificar el espacio en disco utilizado por *hMailServer,* especialmente en directorios de correo y *logs.*	Utilizar **df** para ver el uso del espacio en disco de los directorios utilizados por *Postfix.*	Asegurar suficiente espacio para la recepción y almacenamiento de correos entrantes.

Aplicación práctica

Una compañía de comercio electrónico está preparando una gran campaña promocional de fin de año que incluye el envío de numerosas ofertas y *newsletters* a su base de clientes. Se prevé un incremento sustancial en el volumen de tráfico de correos electrónicos, lo cual podría afectar el rendimiento del sistema de correo de la empresa.

Para evitar problemas de rendimiento y asegurar que todas las comunicaciones de la campaña se entreguen eficazmente, el equipo de TI necesita evaluar y optimizar el sistema de correo electrónico. Las métricas de rendimiento clave que se han de monitorear incluyen el uso de CPU, la memoria, el espacio en disco y la latencia de la red.

¿Qué métrica de rendimiento debería priorizarse para monitoreo inmediato antes y durante la campaña de correos electrónicos para prevenir interrupciones y asegurar la eficacia de la comunicación?

SOLUCIÓN

La métrica de rendimiento que debería priorizarse para el monitoreo inmediato antes y durante la campaña es el uso de la CPU. Esta métrica es crucial porque un uso elevado puede indicar potenciales cuellos de botella, especialmente durante periodos de alta demanda, como una campaña de *marketing* por correo electrónico. Monitorear el uso de la CPU permitirá al equipo de TI detectar y mitigar cualquier sobrecarga que pueda ralentizar el procesamiento de los correos o causar fallos en el servicio. Al mantener este uso dentro de unos límites óptimos, la empresa puede gestionar eficientemente los picos de carga y garantizar que la infraestructura de correo electrónico sea capaz de manejar el incremento en el volumen de tráfico sin interrupciones.

Actividades

3. ¿Cómo se utiliza la monitorización de la latencia de red para mejorar la entrega y recepción de correos electrónicos en un sistema de correo electrónico?
4. ¿Qué medidas preventivas se pueden tomar cuando el espacio en disco en un servidor de correo electrónico desciende a un nivel crítico para evitar interrupciones en el servicio?

4. Resumen

La implementación de un sistema de monitorización para el correo electrónico es vital para asegurar su funcionamiento óptimo y su disponibilidad. Este proceso comienza con una cuidadosa evaluación y una selección de herramientas que permitan un seguimiento efectivo de componentes esenciales, como los servidores SMTP, POP/IMAP, los balanceadores de carga y los sistemas de seguridad. Es esencial que estas herramientas ofrezcan seguimiento en tiempo real, alertas automáticas y capacidad para generar informes detallados, lo cual garantizará que se integran sin problemas con la infraestructura existente.

Posteriormente, se procede al despliegue de sensores o agentes en los servidores de correo y demás elementos clave. Estos tienen la función de recopilar datos sobre aspectos críticos del rendimiento del sistema, como el uso de la CPU, la memoria, el espacio en disco y la latencia de la red. Además, se establecen umbrales de alerta para cada métrica, basándose en prácticas recomendadas y experiencias previas, de modo que cualquier excedencia de estos límites pueda indicar anomalías o problemas de rendimiento que requieran atención inmediata.

Antes de su implementación definitiva, se realizan pruebas exhaustivas para verificar la correcta funcionalidad del sistema de monitorización. Estas pruebas incluyen la simulación de diversos escenarios para asegurar que las alertas son precisas y que la recopilación de datos refleja fielmente el estado real del sistema de correo.

La monitorización efectiva de los parámetros de rendimiento más importantes, como el uso de la CPU, la memoria, el espacio en disco y la latencia de la red, es fundamental para mantener un sistema de correo electrónico eficiente y confiable. La observación de estas métricas facilita la identificación de periodos de alta demanda y potenciales cuellos de botella, asegurando que siempre haya suficiente memoria y espacio en disco para las operaciones críticas y que la latencia de la red no afecte negativamente la transmisión de correos electrónicos. Para complementar esta monitorización, se recomienda el establecimiento de un sistema de alertas basado en umbrales predefinidos para cada parámetro, lo que permite una detección temprana de situaciones que podrían comprometer el rendimiento o la disponibilidad del servicio.

Ejercicios de repaso y autoevaluación

1. ¿Cuál es el propósito principal de implementar un sistema de monitorización en un sistema de correo electrónico?

2. Mencione dos características clave que deben tener las herramientas de monitorización para sistemas de correo electrónico.

3. ¿Cuál de los siguientes no es un aspecto fundamental en la selección de herramientas de monitorización?

    a. Compatibilidad con la infraestructura existente
    b. Capacidad de publicar actualizaciones en redes sociales
    c. Seguimiento en tiempo real
    d. Generación de alertas automáticas

4. Explique la función de los sensores o agentes en un sistema de monitorización de correo electrónico.

5. ¿Por qué es importante establecer umbrales de alerta en un sistema de monitorización?

6. Mencione un aspecto clave que se debe probar en la validación de un sistema de monitorización de correo electrónico.

_____

_____

7. ¿Cuál es la importancia de monitorizar el uso de CPU en un sistema de correo electrónico?

_____

_____

_____

_____

8. ¿Qué indica un uso elevado y constante de memoria en un sistema de correo electrónico?

_____

_____

_____

_____

9. ¿Cuál de los siguientes no es una métrica clave en la monitorización de un sistema de correo electrónico?

    a. Uso de la CPU
    b. Espacio en disco
    c. Número de correos electrónicos no leídos
    d. Latencia de la red

10. Explique cómo la monitorización del espacio en disco afecta la continuidad operativa de un sistema de correo electrónico.

_____

_____

_____

_____

11. ¿Qué impacto tiene una alta latencia de red en un sistema de correo electrónico?

_____

_____

_____

_____

12. ¿Por qué es importante la compatibilidad de las herramientas de monitorización con la infraestructura existente?

_____

_____

_____

_____

13. ¿Cuál es el resultado de no establecer umbrales de alerta adecuados en un sistema de monitorización?

_____

_____

_____

_____

14. ¿Cuál es el propósito de configurar el "Number of retries" y el "Minutes between every retry" en _hMailServer?_

    a. Determinar cuántos correos electrónicos se pueden enviar simultáneamente desde el servidor.

    b. Establecer el número de intentos y el intervalo de tiempo entre cada intento para reenviar correos no entregados inicialmente.

    c. Configurar la frecuencia de actualización del software de seguridad y la autenticación SMTP.

    d. Limitar la cantidad de correos electrónicos que un usuario puede enviar en un período de tiempo específico.

15. ¿Cómo se utiliza la configuración de "IP Ranges" en *hMailServer* para mejorar la seguridad del sistema de correo?

a. Permitiendo que cualquier IP envíe correos sin restricciones para maximizar la eficiencia del servidor.
b. Estableciendo que solo las IP dentro de la red corporativa pueden enviar sin autenticación, mientras que las externas requieren autenticación SMTP.
c. Configurando todas las IP para que requieran autenticación de texto plano para simplificar la administración de seguridad.
d. Limitando el acceso al servidor de correo a unas pocas IP seleccionadas para reducir el uso de la CPU y la memoria.

## Capítulo 4

Securización del sistema

Contenido

1. Introducción

La securización de sistemas de correo implica cumplir con leyes como la Ley de Servicios de la Sociedad de la Información (LSSI) y la Ley Orgánica de Protección de Datos Personales y garantía de los derechos digitales (LOPDGDD). De ese modo se asegura la transparencia, el consentimiento para el tratamiento de datos y la implementación de políticas de seguridad adecuadas. La adopción de la norma ISO 27002 juega un papel importante, al ofrecer directrices para el establecimiento de controles de seguridad que protegen contra accesos no autorizados y pérdidas de datos.

La elaboración de planes de recuperación ante desastres y la garantía de continuidad de servicios son pasos fundamentales, junto con la realización de copias de seguridad periódicas para facilitar la restauración de datos en caso necesario. Mantener los sistemas de correo actualizados con las últimas versiones y parches de seguridad minimiza las vulnerabilidades.

Para la protección de los servicios, es esencial el uso de *firewalls* y herramientas de seguridad como *Nmap,* para la identificación de sistemas y servicios en la red; *Nessus/OpenVAS,* para el análisis y mitigación de vulnerabilidades; y estrategias efectivas contra ataques de fuerza bruta. Así se asegura la integridad y disponibilidad del sistema de correo electrónico.

2. Adecuación a la normativa legal (LSSI, LOPD/LOPDGDD) y a las políticas de seguridad de la organización

La Ley 34/2002, conocida como Ley de Servicios de la Sociedad de la Información y de Comercio Electrónico (LSSI-CE), dicta las responsabilidades de los proveedores de servicios de la sociedad de la información. Reglamenta el comercio por internet en España y se enfoca en varios puntos clave:

- **Información y comunicaciones comerciales:**

  - Transparencia obligatoria: es necesario proveer datos claros sobre la identidad de la empresa, sus productos o servicios en la web.

▪ Normativa para comunicaciones electrónicas comerciales: cumplimiento con la legislación al enviar *e-mails* de *marketing* o publicidad *online*.

■ **Contratación electrónica:**

▪ Estipula el proceso de formación de contratos *online*.
▪ Requiere informar sobre condiciones, costes, tiempos de entrega y derechos del consumidor.

■ **Responsabilidad de intermediarios:**

▪ Define responsabilidades para los proveedores de servicios *online* respecto al contenido de terceros.

■ **Régimen sancionador:**

▪ Establece penalizaciones por no cumplir con la ley.
▪ Certificado LSSI: para sitios web sin fines comerciales, se puede obtener una certificación de cumplimiento.

Ley Orgánica de Protección de Datos Personales y Garantía de los Derechos Digitales (LOPDGDD) es la normativa que rige el procesamiento de datos personales en España. Esta ley presenta los siguientes puntos clave:

■ **Principios de protección:**

▪ **Licitud, lealtad y transparencia:** los datos personales deben ser tratados de forma legal, justa y transparente para el individuo. Esto significa que las organizaciones deben informar claramente sobre cómo se utilizarán los datos y obtener el consentimiento adecuado.
▪ **Finalidad:** los datos deben ser recogidos para fines específicos, explícitos y legítimos. No deben ser utilizados de manera incompatible con esos fines.
▪ **Minimización de datos:** solo se deben recoger los datos personales que sean estrictamente necesarios para los fines previstos. Esto ayuda

a limitar la cantidad de datos que se manejan y reduce los riesgos asociados.

▪ **Exactitud:** los datos personales deben ser precisos y, cuando sea necesario, actualizados. Se deben tomar todas las medidas razonables para que los datos inexactos se rectifiquen o eliminen sin demora.

▪ **Limitación del plazo de conservación:** los datos personales no deben conservarse más tiempo del necesario para los fines para los cuales se recopilan. Esto implica establecer plazos para la eliminación de datos.

▪ **Integridad y confidencialidad:** se deben aplicar medidas de seguridad adecuadas para proteger los datos personales contra el tratamiento no autorizado o ilícito, y contra la pérdida, destrucción o daño accidental.

▪ **Responsabilidad proactiva:** el responsable del tratamiento debe ser capaz de demostrar que cumple con todos estos principios, lo cual implica llevar registros y realizar auditorías internas.

■ **Derechos del usuario:**

▪ **Derecho de acceso:** las personas tienen derecho a obtener confirmación sobre si se están tratando sus datos personales y a acceder a dichos datos junto con información sobre su tratamiento.

▪ **Derecho de rectificación:** si los datos personales son inexactos o están incompletos, la persona puede solicitar que se corrijan.

▪ **Derecho de supresión (derecho al olvido):** en ciertas circunstancias, las personas pueden solicitar la eliminación de sus datos personales, por ejemplo, si los datos ya no son necesarios para los fines para los que fueron recogidos.

▪ **Derecho a la limitación del tratamiento:** bajo ciertas condiciones, los individuos pueden solicitar la restricción del tratamiento de sus datos, por ejemplo, mientras se verifica la exactitud de los datos o la legitimidad del uso.

▪ **Derecho a la portabilidad de los datos:** permite a las personas recibir sus datos personales en un formato estructurado, de uso común y lectura mecánica, y transmitirlos a otro responsable.

■ **Derecho de oposición**: las personas pueden oponerse al tratamiento de sus datos por motivos relacionados con su situación particular, o cuando los datos se utilicen para *marketing* directo.

■ **Tratamientos específicos:**

■ **Videovigilancia:** se debe informar claramente a las personas sobre la existencia de cámaras de vigilancia, incluyendo la finalidad de la grabación y quién es el responsable del tratamiento de los datos capturados.

■ **Datos de contacto:** los datos de contacto recogidos en el ámbito laboral deben ser utilizados únicamente para comunicaciones relacionadas con la relación contractual.

■ **Información crediticia:** solo se pueden incluir datos en ficheros de solvencia y crédito cuando sean veraces, exactos y actualizados, y se deben seguir procedimientos específicos para la inclusión y consulta de estos datos.

■ **Responsables y encargados:**

■ **Registro de actividades de tratamiento:** los responsables y encargados del tratamiento deben llevar un registro detallado de todas las actividades de tratamiento de datos personales que realicen.

■ **Evaluación de impacto:** cuando un tratamiento de datos pueda implicar un alto riesgo para los derechos y libertades de las personas, se debe realizar una evaluación de impacto para identificar y mitigar riesgos.

■ **Delegado de protección de datos (DPD):** en ciertos casos, como en entidades públicas o en tratamientos a gran escala de datos sensibles, es obligatorio nombrar un delegado de protección de datos para supervisar el cumplimiento de la normativa.

■ **Transferencias internacionales:**

■ **Adecuación:** las transferencias de datos personales solo se pueden realizar a países que ofrezcan un nivel adecuado de protección de datos, según lo determine la Comisión Europea.

■ **Cláusulas contractuales tipo y normas corporativas vinculantes:** en ausencia de una decisión de adecuación, se pueden utilizar herramientas como cláusulas contractuales tipo aprobadas por la Comisión Europea o normas corporativas vinculantes para garantizar la protección de los datos transferidos.

■ **Autorización específica:** en ciertos casos especiales, la transferencia de datos requiere de una autorización específica de la autoridad de protección de datos competente.

■ **Autoridades de protección:**

■ **Supervisión y control:** la Agencia Española de Protección de Datos (AEPD) es la entidad encargada de supervisar el cumplimiento de la normativa de protección de datos y de imponer sanciones en caso de infracciones.

■ **Gestión de reclamaciones:** la AEPD también gestiona las reclamaciones presentadas por los ciudadanos sobre el tratamiento de sus datos personales.

■ **Campañas de sensibilización:** la AEPD lleva a cabo campañas para concienciar al público y a las organizaciones sobre la importancia de la protección de datos personales.

■ **Derechos digitales:**

■ **Neutralidad de la red:** la ley garantiza que el acceso a Internet sea equitativo y no discriminatorio, y asegura que todos los datos en la red sean tratados de manera igualitaria.

■ **Acceso universal a internet:** se reconoce el derecho de todos los ciudadanos a acceder a servicios de Internet, promueve la inclusión digital.

■ **Educación digital:** se fomenta la formación en competencias digitales para todos los ciudadanos, especialmente para menores y personas vulnerables.

■ **Protección de menores en el entorno digital:** se establecen medidas específicas para proteger a los menores en el uso de Internet y las tecnologías digitales.

- **Privacidad en el ámbito laboral:** se regulan aspectos como el uso de dispositivos y la monitorización de la actividad de los empleados para proteger su privacidad.

- **Desconexión digital:** se reconoce el derecho de los empleados a desconectar de sus dispositivos digitales fuera del horario laboral para garantizar el respeto a su tiempo de descanso y vida personal.

- **Derecho al olvido:** las personas pueden solicitar la eliminación de información personal de los motores de búsqueda y otros servicios digitales cuando estos datos ya no sean relevantes o sean perjudiciales.

- **Testamento digital:** se regulan los procedimientos para el acceso y gestión de los datos digitales de una persona fallecida, lo que permite que sus herederos puedan gestionar su legado digital.

La conformidad de los sistemas de correo con la legislación y las directrices de seguridad organizativas comienza con la identificación precisa de los datos personales gestionados por el sistema de correo, y abarca la información de clientes, empleados y cualquier otro tipo de datos. Es imperativo que los formularios empleados en estos sistemas proporcionen explicaciones claras sobre la privacidad, incluyendo el tratamiento de datos, su finalidad y los derechos de los interesados.

Además, es obligatorio obtener un consentimiento explícito por parte de los usuarios antes del procesamiento de sus datos, especialmente para el envío de comunicaciones de *marketing* o boletines informativos. La evaluación de riesgos y la evaluación de impacto en la protección de datos (EIPD) son herramientas esenciales para identificar y mitigar potenciales riesgos para la seguridad de los datos.

La implementación de medidas de seguridad robustas, tales como el cifrado de datos, las restricciones de acceso y la autenticación fuerte, es vital para prevenir accesos no autorizados y pérdidas de información.

Nota

El cifrado de datos transforma la información en un formato ilegible sin una clave secreta, lo cual asegura que solo quienes posean la clave puedan acceder a los datos originales.

Las restricciones de acceso limitan quién puede ver o usar ciertos datos o sistemas, basándose en roles o identidades específicas.

La autenticación fuerte, o autenticación multifactor (MFA), requiere que los usuarios proporcionen dos o más verificaciones de su identidad antes de concederles acceso a los sistemas o datos. Esto podría incluir algo que el usuario sabe (una contraseña), algo que el usuario tiene (un *token* o teléfono móvil) o algo inherente al usuario (huella dactilar).

Mantener un registro detallado de las actividades de procesamiento de datos y asegurar que cualquier tercer partido que maneje datos personales en nombre de la organización cumpla con las mismas normas de seguridad a través de acuerdos específicos son pasos necesarios para una gestión adecuada.

Es esencial atender prontamente a las solicitudes de los titulares de los datos en lo referente a sus derechos ARSULIPO (acceso, rectificación, supresión, limitación, portabilidad y oposición).

 Nota

ARSULIPO representa los derechos fundamentales de las personas en lo que respecta al tratamiento de sus datos personales, incluyendo el derecho a acceder a sus datos, a solicitar la rectificación de datos inexactos, a pedir la supresión de sus datos cuando ya no sean necesarios, a limitar el tratamiento de sus datos en ciertas circunstancias, a la portabilidad de los datos para trasladarlos a otro servicio y a oponerse al tratamiento de sus datos en determinadas situaciones.

Para organizaciones que manejan grandes volúmenes de datos personales, la designación de un delegado de protección de datos (DPO) para supervisar las prácticas de privacidad y cumplimiento normativo puede ser necesaria. Por último, cualquier brecha de seguridad que impacte en la privacidad de los datos debe ser notificada tanto a las autoridades competentes como a los individuos afectados, conforme a los requisitos legales.

La conformidad en sistemas de correo implica proteger datos, obtener consentimientos, evaluar riesgos y garantizar la seguridad y la privacidad.

 ## Para saber más

En el siguiente enlace se puede acceder a un artículo sobre Cómo cumplir la LSSI-CE:

https://redirectoronline.com/uf12740401

3. Códigos de buenas prácticas (ISO 27002)

ISO/IEC 27002:2022 es un estándar internacional desarrollado por la Organización Internacional de Normalización (ISO) y la Comisión Electrotécnica Internacional (IEC) que ofrece orientación sobre la implementación de un sistema de gestión de seguridad de la información (SGSI) según ISO 27001. Este estándar proporciona un marco de referencia para controles de seguridad de la información, ciberseguridad y protección de la privacidad, basado en las mejores prácticas reconocidas globalmente. Aunque por sí mismo no es certificable, seguir sus directrices ayuda a las organizaciones a acercarse al cumplimiento con ISO 27001.

La relevancia de ISO 27002 radica en su capacidad para orientar a las organizaciones en la protección contra riesgos y amenazas a la seguridad de la información, imprescindible cuando se manejan datos sensibles. Ofrece un punto de partida para establecer y mantener un SGSI, que abarca desde la definición del alcance hasta la gestión de controles de seguridad.

Además, la implementación de los controles de seguridad sugeridos en ISO 27002 permite a las organizaciones proteger sus activos de información con prácticas de seguridad reconocidas a nivel internacional, aumentando la confianza de clientes y socios. La conformidad con este estándar facilita la cooperación internacional y mejora las prácticas de seguridad, lo que puede resultar en una mayor productividad y ventajas en negociaciones contractuales y oportunidades comerciales globales. Incluso puede llevar a beneficios económicos, como primas de seguro más bajas.

ISO 27002 establece prácticas de seguridad que abarcan controles, evaluación de riesgos y gestión de vulnerabilidades.

La última revisión de ISO 27002 en 2022 actualizó los controles de seguridad para reflejar las prácticas contemporáneas en seguridad de la información, adaptándose a los desafíos actuales en diversos sectores. Esta actualización incluye una reducción y reorganización de controles, junto con la introducción de nuevos controles para abordar necesidades modernas como la seguridad de la información en la nube y la preparación para la continuidad del negocio.

La norma ISO/IEC 27002:2022 abarca organizaciones de cualquier tamaño, tipo o sector. Ofrece asistencia para elegir e implementar controles de seguridad adecuados basados en los riesgos identificados. En esencia, facilita prácticas recomendadas y objetivos de control vinculados a elementos esenciales de la seguridad de la información.

En cuanto a su estructura y controles, la ISO/IEC 27002 se divide en cuatro áreas temáticas principales: controles organizacionales, que abordan 37 aspectos de la seguridad administrativa, como las políticas de seguridad; controles de personas, con 8 elementos enfocados en la seguridad del personal, como los términos de empleo; controles físicos, que comprenden 14 medidas relativas a las instalaciones, como el acceso a las oficinas; y controles tecnológicos, que contienen 34 medidas, incluyendo la autenticación segura para sistemas empresariales. Esta última revisión ha visto la eliminación de un control, la fusión de varios y la introducción de 11 nuevos controles.

Adicionalmente, la norma específica atributos para cada control y facilita la comprensión de su impacto y características, tales como: el tipo de control, que indica su efecto en la gestión de riesgos; la propiedad de seguridad de la información, que busca preservar la confidencialidad, integridad o disponibilidad de la información; y el concepto de ciberseguridad, que alinea los controles con los cinco dominios principales de la ciberseguridad.

A continuación, se presenta una tabla que resume los aspectos clave de la norma ISO/IEC 27002:2022:

Norma ISO/IEC 27002:2022	
Aspecto	**Descripción**
Aplicabilidad	La norma es **aplicable a todas las organizaciones,** sin importar su tamaño, tipo o sector. Proporciona asistencia para seleccionar e implementar **controles de seguridad adecuados** basados en los riesgos identificados.
Estructura temática	La ISO/IEC 27002 se divide en cuatro áreas temáticas principales: 1. **Controles organizacionales:** aborda 37 aspectos de la seguridad administrativa, como las políticas de seguridad. 2. **Controles de personas:** incluye 8 elementos enfocados en la seguridad del personal, como los términos de empleo. 3. **Controles físicos:** comprende 14 medidas relativas a las instalaciones, como el acceso a las oficinas. 4. **Controles tecnológicos:** contiene 34 medidas, incluyendo la autenticación segura para sistemas empresariales.
Cambios en la revisión	La versión actualizada ha visto la eliminación de un control, la fusión de varios y la introducción de 11 nuevos controles.
Atributos de los controles	La norma específica atributos para cada control: - **Tipo de control:** indica su efecto en la gestión de riesgos (correctivo, detectivo o preventivo). - **Propiedad de seguridad de la información:** busca preservar la confidencialidad, integridad o disponibilidad de la información. - **Concepto de ciberseguridad:** alinea los controles con los cinco dominios principales de la ciberseguridad.

 ## Actividades

1. ¿Cuáles son los requisitos clave de la Ley 34/2002 en términos de transparencia y comunicaciones comerciales de correo como el cifrado de datos y la autenticación fuerte?

Aplicación práctica

Imagine que es líder de seguridad de la información en su organización y tiene como labor implementar el estándar ISO/IEC 27002:2022. Este estándar es esencial para guiar a las organizaciones en la protección contra riesgos y amenazas a la seguridad de la información.

Debe abordar los siguientes escenarios hipotéticos, aplicando los controles y directrices de ISO/IEC 27002:2022. Cada escenario presenta un desafío específico relacionado con la seguridad de la información en tu organización:

a. Escenario de políticas de seguridad: su organización necesita establecer y reforzar las políticas de seguridad administrativa.

b. Escenario de seguridad del personal: es necesario mejorar la seguridad y la concienciación sobre la seguridad de la información entre el personal.

c. Escenario de protección física: las instalaciones de la empresa requieren medidas de seguridad física más robustas.

d. Escenario de autenticación segura: hay una necesidad de implementar controles más estrictos para la autenticación en sistemas empresariales.

SOLUCIÓN

Para el escenario de políticas de seguridad: desarrollar y comunicar políticas de seguridad que abarquen los 37 aspectos de controles organizacionales descritos en ISO/IEC 27002, asegurando así que todos los aspectos administrativos de la seguridad estén cubiertos.

En el escenario de seguridad del personal: implementar las prácticas y controles de seguridad del personal recomendados en ISO/IEC 27002, que incluyen 8 elementos enfocados en la seguridad del personal, tales como la formación y los términos de empleo.

Para el escenario de protección física: aplicar los 14 controles físicos sugeridos por ISO/IEC 27002 para reforzar la seguridad en las instalaciones, incluyendo el control de acceso y la protección del entorno físico.

En el escenario de autenticación segura: utilizar las directrices de controles tecnológicos de ISO/IEC 27002, poniendo especial énfasis en los 34 controles, incluyendo la autenticación segura, para asegurar la integridad y la confidencialidad de los sistemas empresariales.

4. Recuperación ante desastres y continuidad de los servicios

La recuperación ante desastres (RD) y la continuidad de los servicios son fundamentales para asegurar que las organizaciones puedan sobrevivir y mantener su operatividad sin interrupciones frente a circunstancias adversas. A continuación, se detallan estos conceptos de forma más específica.

Se trata de un compendio de políticas y procedimientos establecidos para prevenir a las organizaciones de posibles pérdidas de datos o servicios. Los planes de RD contemplan **estrategias** que incluyen:

- Copia de seguridad de datos: asegura la disponibilidad de datos esenciales tras un desastre.
- Recuperación del sistema: facilita la restauración de la infraestructura tecnológica y los sistemas dañados.
- Continuidad del negocio: viabiliza la operación organizacional posdesastre, aunque sea a una capacidad reducida, para minimizar la interrupción del servicio.

La RD ofrece protección contra una variedad de eventos disruptivos, tales como desastres naturales, ciberataques y fallos de *hardware,* con el propósito de reducir al mínimo el tiempo de inactividad y la pérdida de datos, para facilitar que la reanudación de las actividades normales no tarde demasiado.

Se enfoca en la capacidad de la empresa para **continuar sus operaciones** incluso en medio de crisis, manteniendo un nivel esencial de servicio. La RD se vincula directamente con la continuidad de los servicios, actúa como un componente vital para la consecución de la continuidad operacional.

Un plan de RD efectivo debe considerar varios objetivos específicos para garantizar una respuesta adecuada y minimizar el impacto de cualquier interrupción. Estos objetivos incluyen:

- **Objetivos de recuperación:** un plan de RD efectivo debe establecer claramente los servicios y procesos críticos que deben ser recuperados primero y establecer prioridades claras para la recuperación.

- **Objetivo de tiempo de recuperación (RTO):** define el lapso máximo aceptable para restablecer los servicios tras un desastre.
- **Objetivo de punto de recuperación (RPO):** determina el momento máximo en el que los datos pueden perderse sin causar un impacto severo en la organización.

Ejemplo

Imagine a Lannister S. L., una compañía de comercio electrónico que se especializa en la venta de productos electrónicos a través de internet. Lannister S. L. gestiona una plataforma de comercio electrónico, almacenes para su inventario y un centro de atención al cliente. A continuación, se muestra cómo implementan la recuperación ante desastres y la continuidad de los servicios:

Desastre. Incendio en el almacén principal
Un incendio severo impacta el almacén principal de Lannister S. L., lo que hace que se pierda una parte significativa de su inventario.

❚ Recuperación ante desastres:

1. Lannister S. L. mantenía una estrategia de respaldo de datos en la nube, asegurando copias de los registros de inventario, historiales de pedidos y datos de clientes de manera diaria.
2. El equipo de TI implementa el plan de recuperación y recupera los datos desde la copia de seguridad en la nube.
3. Se organiza un almacén temporal para continuar con las operaciones de envío durante la reconstrucción del almacén principal.

❚ Continuidad de los servicios:

1. Lannister S. L. continúa sus operaciones. Los clientes pueden hacer pedidos en línea y recibir productos.
2. El centro de atención al cliente notifica a los clientes sobre el incidente y ofrece actualizaciones respecto a los pedidos impactados.
3. La estrategia de *marketing* se adapta para comunicar la situación y ofrecer descuentos a los clientes perjudicados.

Continúa en página siguiente >>

<< Viene de página anterior

Desastre. Ataque de *ransomware*

Lannister S. L. es víctima de un ataque de *ransomware* que encripta los datos de los clientes y restringe el acceso a los sistemas.

▌ Recuperación ante desastres:

1. La compañía contaba con un plan de recuperación de sistemas. El equipo de seguridad aísla los servidores comprometidos y restaura la base de datos desde una copia segura.
2. Se implementan medidas de seguridad adicionales, como la autenticación multifactor y vigilancia continua.

▌ Continuidad de los servicios:

1. A pesar de la interrupción temporal, Lannister S. L. logra recuperarse rápidamente.
2. Los clientes son informados sobre el incidente y se les asegura la protección de sus datos personales.
3. La seguridad cibernética de Lannister S. L. se fortalece y se promueve entre los empleados la adopción de prácticas seguras.

Desastre. Terremoto en la región

Un terremoto afecta la región donde se localiza la sede principal de Lannister S. L.

▌ Recuperación ante desastres:

1. Los daños estructurales en el edificio obligan a la evacuación del personal y a la revisión de la seguridad de los servidores.
2. Se activa el plan de continuidad de negocio: se trasladan temporalmente las operaciones a una ubicación alternativa.
3. La infraestructura tecnológica se restablece y las operaciones se reanudan desde la nueva sede.

▌ Continuidad de los servicios:

1. Lannister S. L. informa a sus clientes sobre el evento y posibles demoras.
2. La empresa mantiene la gestión de pedidos y el soporte al cliente a pesar del desastre natural.

En la pestaña **Restore** (Restaurar) de la sección *Backup* (Copia de seguridad) en la interfaz de administración de *hMailServer* se pueden restaurar copias de seguridad previamente realizadas.

Para restaurar los datos de una copia de seguridad en *Postfix* se pueden utilizar los siguientes comandos:

```
# Restauración desde una copia completa:
tar -xzvf backup_postfix_full.tar.gz -C /

# Restauración desde una copia incremental:
# Primero, restaurar la copia de seguridad completa:
tar -xzvf /path/to/full/backup.tar.gz -C /
# Luego, aplicar la copia de seguridad incremental:
rsync -av /path/to/incremental/backup/ /etc/postfix
rsync -av /path/to/incremental/backup/ /var/mail

# Restauración desde una copia diferencial:
# Primero, restaurar la copia de seguridad completa:
tar -xzvf /path/to/full/backup.tar.gz -C /
# Luego, aplicar la copia de seguridad diferencial:
rsync -av /path/to/differential/backup/ /etc/postfix
rsync -av /path/to/differential/backup/ /var/mail
```

Como notas adicionales se indican las siguientes:

- Asegurarse de tener permisos de *root* o usar **sudo** para ejecutar estos comandos, ya que se necesita acceso completo a los directorios del sistema.
- Es recomendable detener el servicio de *Postfix* antes de restaurar los archivos para evitar inconsistencias. Esto se puede hacer con el siguiente comando:

```
sudo systemctl stop postfix
# Después de la restauración, reiniciar el servicio:
sudo systemctl start postfix
```

Aplicación práctica

Imagine que se encarga de coordinar la gestión de riesgos en su organización y le han asignado la tarea de desarrollar estrategias de recuperación ante desastres (RD) y continuidad de los servicios. Estos elementos son esenciales para mantener la operatividad de la organización sin interrupciones ante eventos disruptivos como desastres naturales, ciberataques y fallos de *hardware*.

A continuación, se presentan varias situaciones, para que indique qué planes y estrategias de RD y continuidad de los servicios le recomendaría para que se alineen con las necesidades y objetivos de tu organización:

a. Pérdida de datos críticos: su organización se enfrenta a un ciberataque que ha comprometido datos críticos.
b. Interrupción del servicio de TI: un desastre natural ha afectado a la infraestructura tecnológica principal de la empresa.
c. Operaciones posdesastre: necesita establecer un plan para mantener las operaciones esenciales durante una crisis prolongada.
d. Establecimiento de objetivos de recuperación: la dirección solicita definir claramente los RTO y RPO para el plan de RD.

SOLUCIÓN

Para el escenario de pérdida de datos críticos: implementar un sistema de copias de seguridad regulares y robustas de todos los datos esenciales, con lo que se garantiza su disponibilidad incluso después del ciberataque.

En el escenario de interrupción del servicio de TI: establecer un plan de recuperación del sistema que incluya la restauración de la infraestructura tecnológica y los sistemas dañados, utilizando recursos redundantes y sitios de recuperación.

Para el escenario de operaciones posdesastre: desarrollar un plan de continuidad del negocio que permita la operación organizacional a una capacidad reducida, con lo cual se asegura la continuidad de los servicios críticos durante la crisis.

En el escenario de establecimiento de objetivos de recuperación: definir claramente los objetivos de tiempo de recuperación (RTO) y los objetivos de punto de recuperación (RPO), basados en un análisis de riesgo y en la importancia crítica de diferentes procesos y datos para la organización.

5. Copias de seguridad

Las copias de seguridad constituyen un pilar fundamental en la gestión de datos y en la protección de la seguridad de la información, pues brindan una salvaguarda contra la pérdida, el daño o la corrupción de datos importantes.

Las copias de seguridad son réplicas de los datos originales que se guardan en un sistema o dispositivo. Estas réplicas se generan de manera periódica y se conservan en lugares distintos para reducir el riesgo de una pérdida total ante fallos, catástrofes naturales o ataques informáticos.

Existen diversos tipos de copias de seguridad:

- Copias completas:

    - En cada operación se duplica la totalidad de la información.
    - A pesar de ocupar más espacio, facilitan el proceso de restauración.
    - Son óptimas para restablecimientos rápidos y directos.

- Copias incrementales:

    - Únicamente se duplican los datos modificados desde el último respaldo realizado.
    - Resultan ser más compactas en cuanto a uso de espacio, aunque el proceso de restauración puede presentar mayor complejidad.
    - Necesitan de un respaldo completo previo como base.

- Copias diferenciales:

    - Registran las alteraciones efectuadas después del último respaldo completo.
    - Son más compactas en comparación con las copias completas y ofrecen un proceso de restauración menos complejo que las incrementales.
    - Para restaurar, es necesario aplicar estas diferencias al último respaldo completo.

Dentro de las estrategias de copia de seguridad, existen varias prácticas recomendadas para maximizar la protección y recuperación de los datos. La **regla 3-2-1** sugiere mantener tres versiones de los datos, incluyendo el conjunto de datos original y dos copias adicionales. Estas deberían almacenarse en dos tipos de medios diferentes, como un disco duro y un servicio de almacenamiento en la nube, con lo que se asegura además que una de las copias se guarda en una ubicación remota, lejos del sitio principal de operaciones. Esta configuración ayuda a proteger contra la pérdida total de datos en caso de desastres físicos o cibernéticos que puedan afectar una ubicación específica.

Por otro lado, la **rotación de medios** implica la utilización alternativa de diferentes dispositivos o plataformas de almacenamiento para las copias de seguridad. Esta práctica reduce la dependencia de una sola solución de almacenamiento y minimiza así el riesgo de pérdida de datos si un medio específico falla o se corrompe.

Complementando estas estrategias, la **programación regular** es clave para asegurar la actualización constante de las copias de seguridad. Realizar estas operaciones siguiendo un cronograma definido —diario, semanal o mensual— garantiza que la información importante esté salvaguardada regularmente, lo que proporciona una red de seguridad actualizada frente a incidentes inesperados. Juntas, estas estrategias forman un enfoque comprensivo para la gestión de copias de seguridad, fundamental para la resiliencia y continuidad de las operaciones en el entorno digital actual.

A continuación, se explica cómo configurar y ejecutar copias de seguridad en los servidores de correo *hMailServer (Windows)* y *Postfix (Linux).*

5.1. En *hMailServer (Windows)*

Hay que utilizar la función de copia de seguridad integrada en *hMailServer* para realizar copias de seguridad completas de todos los datos del servidor de correo:

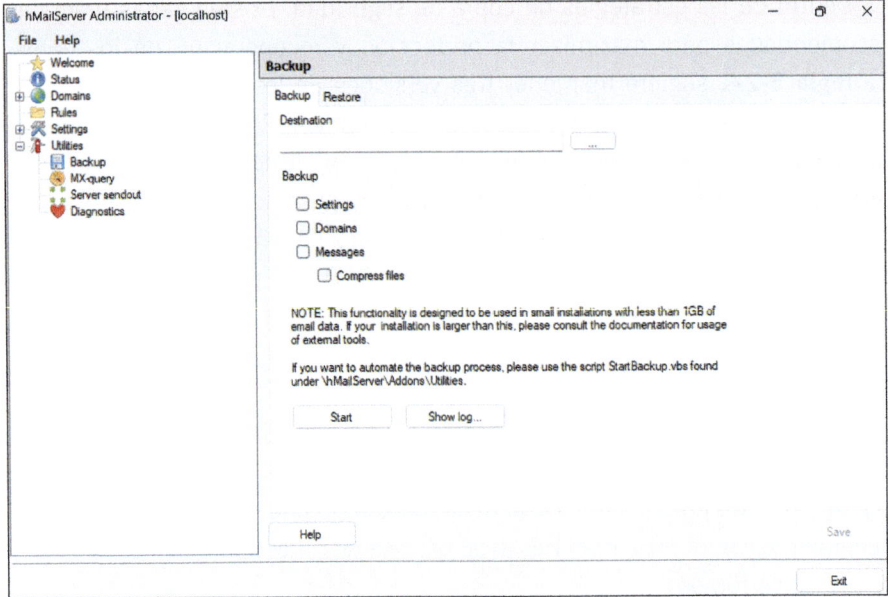

A continuación, se explica cada uno de los elementos de la imagen:

- **Destination** (Destino): campo donde se debe especificar la ubicación (carpeta o directorio) donde se guardará la copia de seguridad.
- **Backup** (Opciones de copia de seguridad):

  - **Settings** (Configuraciones): si se selecciona, se incluirán las configuraciones del servidor en la copia de seguridad.
  - **Domains** (Dominios): si se selecciona, se incluirán los datos de los dominios configurados en el servidor.
  - **Messages** (Mensajes): si se selecciona, se incluirán los mensajes de correo electrónico en la copia de seguridad.
  - **Compress files** (Comprimir archivos): si se selecciona, los archivos de la copia de seguridad se comprimirán para ahorrar espacio.

- **Note** (Nota): indica que esta funcionalidad está diseñada para ser usada en instalaciones pequeñas con menos de 1GB de datos de correo electrónico. Si la instalación es más grande, se recomienda consultar la documentación para el uso de herramientas externas.

- **Automation** (Automatización): se menciona que, para automatizar el proceso de copia de seguridad, se debe utilizar el *script* StartBackup. vbs, que se encuentra en el directorio \hMailServer\Addons\Utilities.
- **Start** (Iniciar): botón para comenzar el proceso de copia de seguridad.
- **Show log...** (Mostrar registro...): botón para ver el registro de eventos y detalles del proceso de copia de seguridad.

5.2. En *Postfix (Linux)*

Para la implementación de una copia de seguridad en *Postfix* se pueden usar los siguientes comandos:

- **Copia completa:** emplear el comando **tar** para realizar una copia de seguridad completa de todos los datos del servidor de correo:

```
tar -czvf backup_postfix_full.tar.gz /etc/postfix /var/mail
```

- **tar:** se utiliza para archivar múltiples archivos en un solo archivo.
- **-c:** crea un nuevo archivo de archivo.
- **-z:** comprime el archivo con *gzip.*
- **-v:** modo *verbose,* muestra el progreso del proceso.
- **-f backup_postfix_full.tar.gz:** especifica el nombre del archivo de salida (backup_postfix_full.tar.gz).
- **/etc/postfix /var/mail:** directorios que incluir en la copia de seguridad.

- **Copia incremental:** utilizar el comando **rsync** para realizar copias de seguridad incrementales de los datos del servidor de correo:

```
rsync -av --link-dest=/path/to/previous/backup /etc/postfix /var/mail /path/to/new/backup
```

- **rsync:** comando utilizado para sincronizar archivos y directorios entre dos ubicaciones.

▪ **-a:** modo archivo, que preserva permisos, tiempos y otros atributos.

▪ **-v:** modo *verbose,* muestra el progreso del proceso.

▪ **--link-dest=/path/to/previous/backup:** especifica el directorio de referencia para la sincronización incremental.

▪ **/etc/postfix /var/mail:** directorios que sincronizar.

▪ **/path/to/new/backup:** directorio de destino donde se guardará la copia de seguridad.

■ **Copia diferencial:** utilizar el comando **rsync** para realizar copias de seguridad diferenciales:

```
rsync -av --link-dest=/path/to/full/backup /etc/postfix /var/mail /path/to/diffe
```

▪ **rsync:** igual que antes, utilizado para sincronizar archivos y directorios.

▪ **-a:** modo archivo.

▪ **-v:** modo *verbose.*

▪ **--link-dest=/path/to/full/backup:** directorio de referencia para la sincronización diferencial (completa).

▪ **/etc/postfix /var/mail:** directorios que sincronizar.

▪ **/path/to/differential/backup:** directorio de destino para la copia diferencial.

6. Gestión de actualizaciones

La gestión de actualizaciones juega un papel esencial en el mantenimiento de sistemas y aplicaciones, asegura que permanezcan seguros, eficientes y actualizados. Este proceso incorpora parches de seguridad y mejoras de funcionalidad. Además, también corrige errores y añade nuevas características. Sin un manejo apropiado de las actualizaciones, los sistemas pueden exponerse a riesgos de seguridad, enfrentarse a problemas de compatibilidad y caer en la obsolescencia.

Un inventario exhaustivo de *software* facilita la identificación y seguimiento de todas las aplicaciones y sistemas operativos utilizados, lo cual es crítico para determinar las necesidades de actualización. La planificación y programación detallada permiten establecer directrices claras sobre el procedimiento y el momento óptimo para implementar las actualizaciones, buscando siempre reducir al mínimo las posibles interrupciones del servicio.

La evaluación de riesgos es fundamental para entender los posibles desafíos que cada actualización puede presentar, dando prioridad a aquellas esenciales para la seguridad. Antes de su implementación en el ambiente de producción, es vital realizar pruebas en un entorno controlado para garantizar la compatibilidad y estabilidad del sistema.

La fase de implementación debe ejecutarse cuidadosamente, documentando todos los cambios y realizando copias de seguridad previas para asegurar una recuperación eficaz en caso de errores. Posteriormente, la monitorización continua del rendimiento y estabilidad del sistema asegura la identificación temprana de cualquier problema, lo cual permite realizar ajustes necesarios para mantener la operatividad óptima.

Además, es fundamental mantenerse informado sobre las últimas vulnerabilidades y las soluciones ofrecidas por los desarrolladores. La colaboración entre equipos de TI y seguridad informática es esencial para coordinar las actualizaciones, asegura que todos los aspectos del ecosistema tecnológico de la organización permanezcan protegidos y actualizados.

A continuación, se expone una tabla resumen del proceso de gestión de actualizaciones:

Aspecto	Descripción
Inventario de *software*	Identificación y seguimiento de todos los programas y sistemas operativos utilizados
Planificación y programación	Establecimiento de directrices sobre cuándo y cómo aplicar las actualizaciones, minimizando interrupciones

Continúa en página siguiente >>

<< Viene de página anterior

Aspecto	Descripción
Evaluación de riesgos	Análisis de los posibles desafíos y priorización de actualizaciones críticas para la seguridad
Pruebas	Ejecución de pruebas en un entorno controlado para asegurar compatibilidad y estabilidad
Implementación	Aplicación cuidadosa de actualizaciones, documentación de cambios y realización de copias de seguridad previas
Monitorización y mantenimiento	Supervisión del rendimiento y estabilidad del sistema, ajustes necesarios para mantener la operatividad
Atributos de los controles	La norma específica atributos para cada control: - Tipo de control: indica su efecto en la gestión de riesgos (correctivo, detectivo o preventivo). - Propiedad de seguridad de la información: busca preservar la confidencialidad, integridad o disponibilidad de la información. - Concepto de ciberseguridad: alinea los controles con los cinco dominios principales de la ciberseguridad.

Ejemplo

La empresa Lannister S. L. operaba con una versión desactualizada de su herramienta de gestión de proyectos, lo cual planteaba varios inconvenientes.

El Departamento de Tecnología de la Información de Lannister SL tomó varias medidas críticas para abordar el problema:

1. Inventario de *software:* identificaron la edición anticuada del *software* en uso.
2. Evaluación de riesgos: detectaron problemas de seguridad derivados de la versión obsoleta.
3. Planificación de la actualización: establecieron que la actualización se llevaría a cabo durante un fin de semana para minimizar interrupciones.
4. Pruebas: comprobaron la compatibilidad de la nueva versión con el ecosistema de aplicaciones existente.

Continúa en página siguiente >>

<< Viene de página anterior

5. Implementación: procedieron con la actualización del sistema, asegurando la documentación completa del proceso.
6. Monitorización: posteriormente, mantuvieron una vigilancia continua sobre el sistema actualizado para confirmar su operatividad sin contratiempos.

Para actualizar *hMailServer* en *Windows* es necesario realizar una copia de seguridad de todo el directorio de *hMailServer,* la base de datos de *hMailServer* y el archivo hMailServer.ini. Además, habrá que obtener la última versión de *hMailServer* desde el sitio web oficial y ejecutar el archivo de instalación. No es necesario detener ni desinstalar la versión actual antes de instalar la nueva. El *software* de instalación iniciará automáticamente la actualización de la base de datos de hMailServer.

En *Postfix (Linux)* hay que utilizar el comando **sudo apt update** para actualizar la lista de paquetes. Después, el comando **sudo apt install postfix** para instalar *Postfix* y sus dependencias.

7. Protección de servicios: *firewall.* Herramientas de seguridad (*Nmap, Nessus/OpenVAS, Brutus/Hydra*)

La protección de los servicios informáticos es esencial para preservar tanto la integridad como la seguridad de los sistemas informáticos de una organización. Dentro de este marco de seguridad, el *firewall* emerge como una herramienta crítica. Actúa como una barrera que regula el tráfico de red entre zonas internas y externas, basándose en un conjunto de reglas establecidas.

Los *firewalls* pueden clasificarse en distintos tipos según su funcionalidad:

- Los *firewalls* de red, que se centran en el filtrado de tráfico a nivel de dirección IP y puertos.
- Los *firewalls* de aplicación, que examinan el tráfico en la aplicación para detectar y bloquear amenazas específicas.

■ Los *firewalls* de estado, que supervisan el estado de las conexiones activas y toman decisiones de filtrado basadas en este seguimiento.

Además del uso de *firewalls,* el empleo de herramientas especializadas contribuye significativamente a la evaluación y fortalecimiento de la seguridad de los sistemas. Entre estas herramientas, *Nmap* destaca por su capacidad para explorar redes, identificar *hosts* y servicios disponibles, lo que facilita la detección de vulnerabilidades y la evaluación de riesgos de seguridad. Por otro lado, *Nessus* y *OpenVAS,* como escáneres de vulnerabilidades, automatizan la búsqueda de puntos débiles en los sistemas y aplicaciones, y ofrecen informes detallados que permiten una comprensión profunda de las vulnerabilidades detectadas. *Brutus,* finalmente, se especializa en la evaluación de la seguridad de las contraseñas.

 Importante

Brutus es un *software* diseñado para llevar a cabo ataques de autenticación usando la fuerza bruta. No obstante, su uso no es aconsejable, debido a que es una herramienta obsoleta y no cuenta con soporte actualizado. Como alternativas más actuales y recomendables, se puede optar por herramientas como *Hydra* o *John the Ripper,* las cuales son compatibles tanto con *Linux* como con *Windows.*

Implementar estas herramientas junto con una gestión adecuada de *firewalls* facilita la creación de una defensa en profundidad, lo que mitiga el riesgo de incidentes de seguridad y garantiza la continuidad operativa de los servicios informáticos. La constante evolución de las amenazas cibernéticas hace que la actualización y revisión periódica de estas estrategias de protección sean indispensables para adaptarse a nuevos desafíos de seguridad en el entorno digital.

Para instalar *Nmap, Nessus/OpenVAS* o *Hydra* en *Linux* y *Windows 11,* se pueden seguir los pasos descritos a continuación:

- NMAP:

1. Descargar *Nmap* desde su sitio web oficial:

https://redirectoronline.com/uf12740402

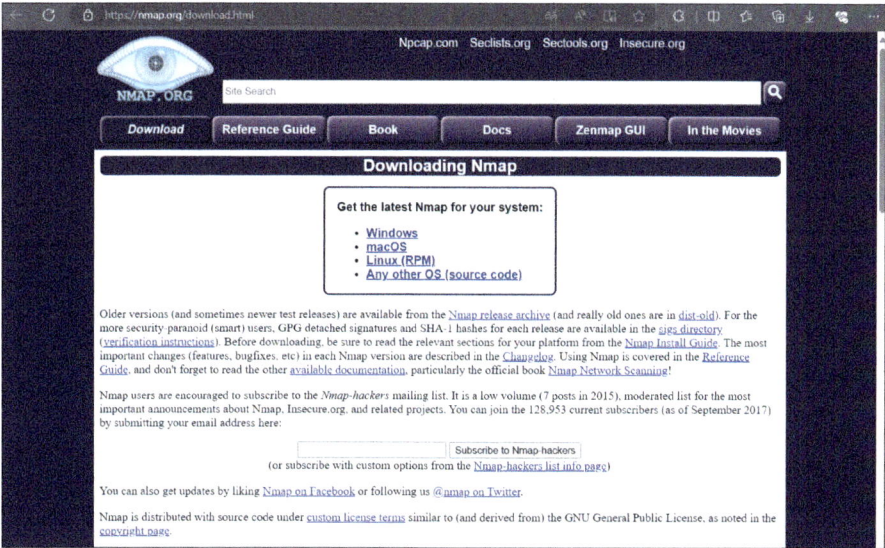

2. Seleccionar el sistema operativo en el que se desea instalar. Si es *Windows*, hacer clic en **nmap-7.95-setup.exe.** Si es en *Linux*, la decisión del paquete que descargar depende del sistema que se utilice *(Linux* de 64 bits o *Linux* de 32 bits).

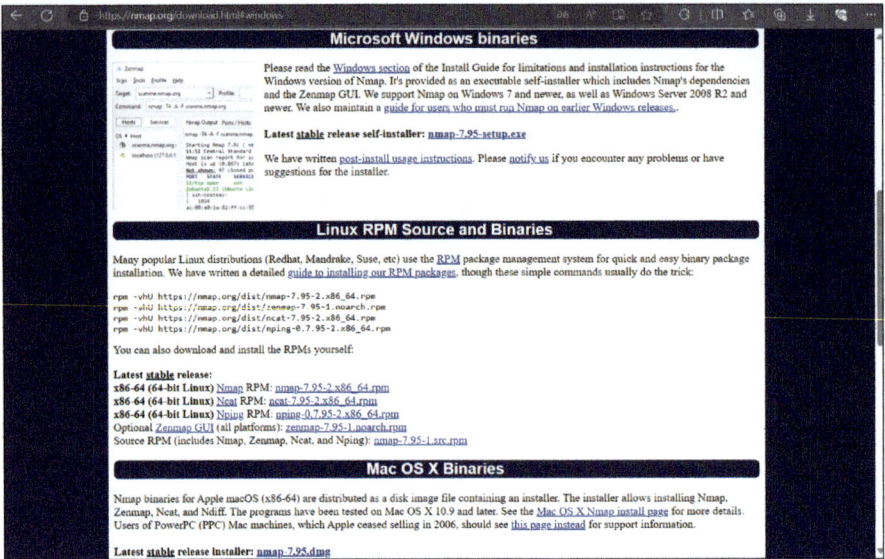

3. En *Windows*, ejecutar el instalador y seguir las instrucciones para completar la instalación. En *Linux*, actualizar el índice de paquetes con el comando **sudo apt update** e instalar *Nmap* con el comando **sudo apt install nmap.**

■ *Nessus/OpenVAS:*

1. Descargar *Nessus* desde su sitio web oficial.
Para *Windows:*

https://redirectoronline.com/uf12740403

Y para *Linux:*

https://redirectoronline.com/uf12740404

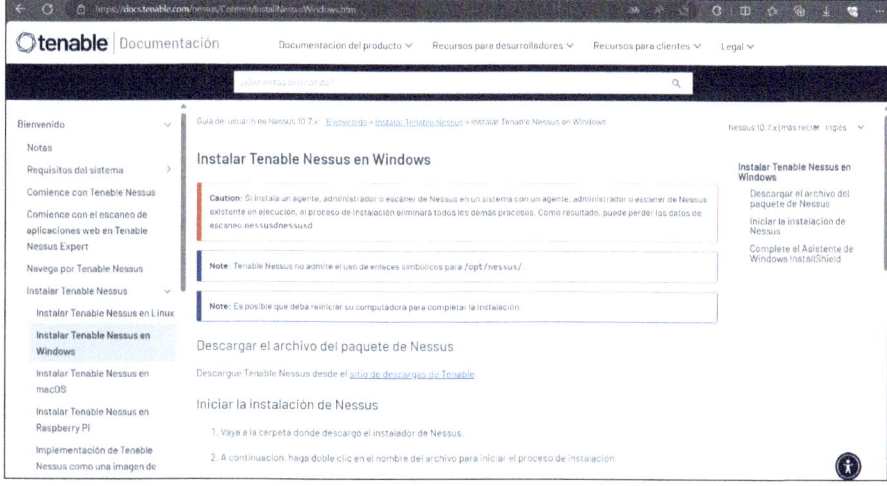

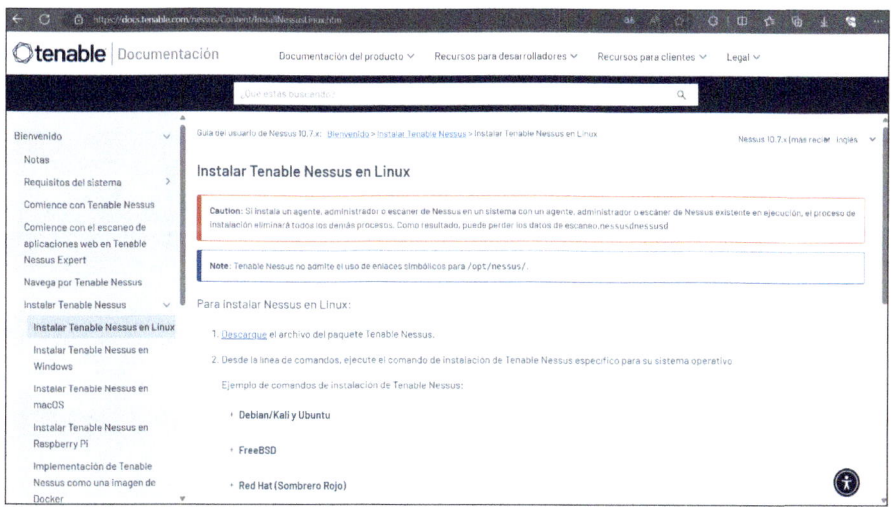

2. Hacer clic en el archivo correspondiente, dependiendo del sistema operativo utilizado.

3. En *Windows,* ejecutar el instalador y seguir las instrucciones para completar la instalación. En *Linux,* realizar lo siguiente:

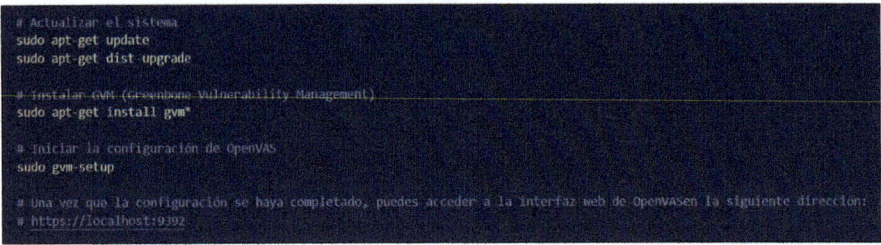

```
# Actualizar el sistema
sudo apt-get update
sudo apt-get dist-upgrade

# Instalar GVM (Greenbone Vulnerability Management)
sudo apt-get install gvm*

# Iniciar la configuración de OpenVAS
sudo gvm-setup

# Una vez que la configuración se haya completado, puedes acceder a la interfaz web de OpenVASen la siguiente dirección:
# https://localhost:9392
```

■ *Hydra:*

1. Descargar *Hydra en* la página de lanzamientos de GitHub:

https://redirectoronline.com/uf12740405

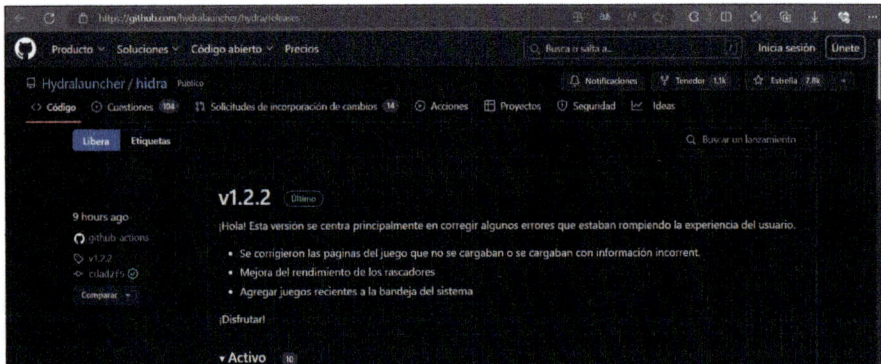

2. Seleccionar el archivo correspondiente al sistema operativo. Para *Windows* se debe seleccionar el archivo que termina en .exe, que es un ejecutable de *Windows*. Para *Linux* habrá que descargar el archivo que termina en .deb para distribuciones basadas en *Debian* (como *Ubuntu)* o el archivo que termina en .rpm para distribuciones basadas en Red Hat.

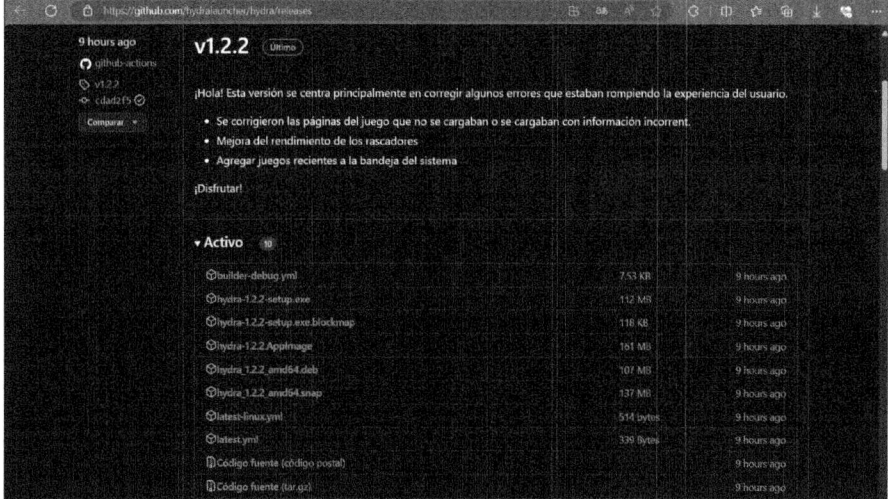

3. En *Windows,* una vez descargado el archivo, hacer doble clic en él para iniciar el proceso de instalación y seguir las instrucciones en pantalla para completar la instalación. En *Linux,* una vez descargado el archivo, se puede instalar utilizando el gestor de paquetes del sistema. Por ejemplo, en una distribución basada en *Debian,* el comando que utilizar sería:

```
sudo dpkg -i hydra_1.2.2_amd64.deb
```

Para saber más

En el siguiente enlace se puede ver un artículo que muestra una comparativa entre Hydra y JohnTheRipper:

https://redirectoronline.com/uf12740406

 Actividades

2. ¿Cuál es la principal diferencia entre los *firewalls* de red y los *firewalls* de aplicación en cuanto a los niveles de tráfico que analizan y filtran?
3. ¿Cómo mejoran los *firewalls* de estado la seguridad de una red en comparación con los *firewalls* de red tradicionales que no monitorean el estado de las conexiones?

8. Resumen

La Ley 34/2002, o Ley de Servicios de la Sociedad de la Información y de Comercio Electrónico (LSSI-CE), juega un papel fundamental en la regulación del comercio electrónico en España. Centra su atención en aspectos como la transparencia en la información y las comunicaciones comerciales, la contratación electrónica, la responsabilidad de los intermediarios en línea y el régimen sancionador para aquellos que incumplan la normativa. Específicamente, esta ley exige claridad en la identidad de las empresas en línea, en sus productos o servicios, y establece directrices para el envío de comunicaciones comerciales electrónicas, así como para el proceso de formación de contratos en línea, incluyendo la necesidad de informar sobre las condiciones, costos, tiempos de entrega y derechos de los consumidores. También delinea las responsabilidades de los proveedores de servicios en línea con respecto al contenido generado por terceros y define las sanciones por el incumplimiento de sus disposiciones.

Por otro lado, la Ley Orgánica de Protección de Datos Personales y Garantía de los Derechos Digitales (LOPDGDD) en España establece las normativas para el tratamiento de datos personales y garantiza derechos digitales. Los principios clave incluyen la licitud, la lealtad, la transparencia, la finalidad específica, la minimización, la exactitud, la limitación de conservación, la integridad, la confidencialidad y la responsabilidad proactiva. Los usuarios tienen derechos de acceso, rectificación, supresión, limitación del tratamiento, portabilidad y oposición. La ley regula tratamientos específicos como videovigilancia, datos de contacto laborales y crediticios, y establece responsabilidades para responsables y encargados, incluyendo registros de actividades, evaluaciones de impacto y delegados de protección de datos. Las transferencias internacionales deben garantizar protección adecuada. La Agencia Española de Protección de Datos (AEPD) supervisa el cumplimiento y gestiona las reclamaciones. Se reconocen derechos digitales como la neutralidad de la red, el acceso universal a internet, la educación digital, la protección de menores, la privacidad laboral, la desconexión digital, el derecho al olvido y el testamento digital.

La norma ISO/IEC 27002:2022 es un estándar internacional que proporciona un marco de referencia para los controles de seguridad de la información, la ciberseguridad y la protección de la privacidad. Aunque no es certificable por sí mismo, seguir sus directrices acerca a las organizaciones al cumplimiento con ISO 27001. Esta norma es relevante para cualquier organización que maneje datos sensibles, ya que ofrece un punto de partida para establecer y mantener un sistema de gestión de seguridad de la información (SGSI), que abarca la definición del alcance hasta la gestión de controles de seguridad. La implementación de los controles de seguridad sugeridos permite a las organizaciones proteger sus activos de información según prácticas reconocidas internacionalmente, lo cual facilita la cooperación internacional y mejora las prácticas de seguridad. Esto puede traducirse en una mayor productividad y ventajas en oportunidades comerciales globales.

En cuanto a la protección de servicios informáticos, el empleo de *firewalls* y herramientas de seguridad como *Nmap, Nessus/OpenVAS* e *Hydra* es fundamental. Los *firewalls* actúan como barreras que regulan el tráfico de red, filtrando el flujo de datos según reglas predefinidas. Pueden clasificarse en *firewalls* de red, de aplicación y de estado, cada uno con funciones específicas para proteger distintos aspectos de la red. Las herramientas de seguridad, como *Nmap* para la exploración de redes, *Nessus* y *OpenVAS* para el escaneo de vulnerabilidades, e *Hydra* para la evaluación de la seguridad de contraseñas, complementan la labor de los *firewalls,* ayudando a evaluar y fortalecer la seguridad de los sistemas informáticos.

Ejercicios de repaso y autoevaluación

1. ¿Cuál es el objetivo principal de la Ley 34/2002 (LSSI-CE) en España?

2. Mencione un requisito que deben cumplir las comunicaciones electrónicas comerciales según la LSSI-CE.

3. ¿Qué aspecto no es regulado por la LSSI-CE?

   a. Contratación electrónica
   b. Transparencia en comunicaciones comerciales
   c. Gestión de datos personales de empleados
   d. Responsabilidad de intermediarios en línea

4. ¿Qué principios deben seguir las organizaciones al tratar datos personales según la LOPDGDD?

5. ¿Cuáles son algunos de los derechos del usuario garantizados por la LOPDGDD?

6. ¿Qué obligaciones tienen los responsables y encargados del tratamiento de datos en la LOPDGDD?

_____

_____

_____

_____

7. ¿Qué indica la norma ISO/IEC 27002:2022?

_____

_____

8. Mencione un beneficio de implementar los controles de seguridad sugeridos en ISO 27002:2022.

_____

_____

9. ¿Cuál es la importancia de establecer un objetivo de tiempo de recuperación (RTO) en un plan de recuperación ante desastres?

_____

_____

10. Explique la diferencia entre copias completas y copias incrementales en las estrategias de copia de seguridad.

_____

_____

_____

_____

11. ¿Cuál de las siguientes no es una práctica recomendada en la estrategia de copia de seguridad?

    a. Hacer copias de seguridad completas.
    b. Almacenar todas las copias de seguridad en un solo dispositivo.
    c. Rotar medios.
    d. Hacer copias de seguridad incrementales.

12. ¿Qué se busca preservar con la propiedad de seguridad de la información en ISO/IEC 27002:2022?

13. Mencione un cambio introducido en la última revisión de ISO/IEC 27002 en 2022.

14. ¿Qué papel juega el registro de punto de recuperación (RPO) en un plan de recuperación ante desastres?

15. ¿Cuál es el propósito de la regla 3-2-1 en la gestión de copias de seguridad?

Auditoría y resolución de incidencias sobre los servicios de mensajería electrónica

Capítulo 5
Auditoría

Contenido

1. Introducción

La auditoría integral de los servicios de mensajería electrónica demanda la implementación de un plan de pruebas exhaustivo que asegure la seguridad, eficiencia y continuidad del servicio. Este plan debe incluir evaluaciones periódicas de los componentes de *software* y *hardware* enfocadas en la integridad de los datos y la protección contra amenazas, con el objetivo de identificar y mitigar posibles riesgos. La disponibilidad del servicio es esencial, para lo que se requiere de mecanismos de monitoreo continuo que aseguren un acceso ininterrumpido al servicio y una respuesta rápida ante cualquier incidente.

Los acuerdos de nivel de servicio (SLA) establecen los estándares de calidad y rendimiento esperados, y detallan compromisos en términos de disponibilidad, tiempos de respuesta y soporte técnico. Estos acuerdos deben ser claros, cuantificables y realizables, con previsiones de compensación en caso de no cumplimiento. Para alcanzar una alta disponibilidad en los sistemas de correo electrónico, es indispensable adoptar estrategias que incluyan soluciones de redundancia, balanceo de carga y procedimientos efectivos de respaldo y recuperación ante desastres, garantizando así la continuidad del servicio incluso en situaciones adversas.

En conclusión, la auditoría de los servicios de mensajería electrónica conlleva un enfoque comprensivo que integra la evaluación continua de la seguridad, la disponibilidad y el rendimiento. La elaboración de un plan de pruebas riguroso, la adhesión a los SLA y la implementación de medidas para una alta disponibilidad son fundamentales para mantener la calidad y la fiabilidad del servicio.

2. Plan de pruebas

El plan de pruebas constituye un elemento vital en la auditoría de los servicios de mensajería electrónica. Es formulado con la finalidad de detectar y solucionar problemas de forma efectiva.

Este plan se elabora siguiendo una serie de etapas fundamentales, que pueden ser incorporadas tal y como se explica a continuación.

Reconocimiento de los servicios de mensajería electrónica

La etapa inicial consiste en reconocer todos los sistemas de mensajería electrónica empleados en la entidad, lo cual puede abarcar desde el correo electrónico y la mensajería instantánea hasta servicios de chat y similares.

 Ejemplo

Imagine que está realizando una auditoría para una empresa ficticia llamada beMits. Esta empresa utiliza varios servicios de mensajería electrónica en sus operaciones diarias. En be-Mits, después de una revisión inicial de la infraestructura de TI y entrevistas con el personal clave, identifica que la empresa utiliza los siguientes servicios de mensajería electrónica:

▎ Correo electrónico: beMits utiliza *Microsoft Outlook* para su correspondencia por correo electrónico. Todos los empleados tienen una dirección de correo electrónico asignada que utilizan para la comunicación interna y externa.
▎ Mensajería instantánea: para la comunicación interna rápida y colaboración en equipo, beMits utiliza *Slack*. Cada departamento tiene sus propios canales de *Slack* para discusiones y coordinación de proyectos.
▎ Servicios de chat: además de *Slack*, beMits también utiliza *Microsoft Teams* para reuniones virtuales y chats en tiempo real. Esto es especialmente útil para equipos que trabajan de forma remota.

Establecimiento de los parámetros de evaluación

Es necesario definir los parámetros que se utilizarán para examinar cada uno de los servicios de mensajería. Estos parámetros pueden ser la seguridad de la información, la eficacia del servicio o la usabilidad, entre otros aspectos relevantes.

 **Ejemplo**

Continuando con el ejemplo de la empresa beMits, el segundo paso del plan de pruebas sería el establecimiento de los parámetros de evaluación. Para beMits, los parámetros de evaluación podrían ser los siguientes:

I Seguridad de la información: este parámetro evalúa si los servicios de mensajería electrónica de beMits protegen adecuadamente la información confidencial. Por ejemplo, se podría verificar si los mensajes están encriptados durante el tránsito y si se utilizan contraseñas seguras.
I Eficacia del servicio: este parámetro evalúa si los servicios de mensajería electrónica de beMits cumplen con su propósito de manera eficiente. Por ejemplo, se podría medir el tiempo que tardan los mensajes en ser entregados o si hay problemas frecuentes de interrupción del servicio.
I Usabilidad: este parámetro evalúa si los servicios de mensajería electrónica de beMits son fáciles de usar para los empleados. Por ejemplo, se podría evaluar si la interfaz de usuario es intuitiva y si se puede acceder con facilidad a las funciones importantes.

Elección de instrumentos de evaluación

Se debe optar por instrumentos adecuados para llevar a cabo las evaluaciones, los cuales deberán ser capaces de examinar los servicios de mensajería electrónica conforme a los parámetros establecidos previamente.

 Ejemplo

Siguiendo con el ejemplo de la empresa beMits, el tercer paso del plan de pruebas sería la elección de instrumentos de evaluación. Aquí se muestra cómo se podría llevar a cabo este paso:

I Para la seguridad de la información: beMits podría optar por herramientas de auditoría de seguridad como *Nessus* o *Wireshark*. Estas herramientas pueden ayudar a evaluar si los mensajes están encriptados durante el tránsito y si se utilizan contraseñas seguras.

Continúa en página siguiente >>

<< Viene de página anterior

I Para la eficacia del servicio: beMits podría utilizar herramientas de monitoreo de red como *SolarWinds* o *scripts*. Estas herramientas pueden ayudar a medir el tiempo que tardan los mensajes en ser entregados y detectar problemas frecuentes de interrupción del servicio.

I Para la usabilidad: beMits podría realizar encuestas a los empleados para evaluar la usabilidad de los servicios de mensajería electrónica. Las encuestas podrían incluir preguntas sobre la facilidad de uso de la interfaz de usuario y la accesibilidad de las funciones importantes.

Implementación de las evaluaciones

Tras definir los parámetros y elegir los instrumentos adecuados, se procede a la implementación de las evaluaciones. Es esencial registrar todos los hallazgos para su análisis posterior.

 Ejemplo

Continuando con el ejemplo de la empresa beMits, el cuarto paso del plan de pruebas sería la implementación de las evaluaciones, una vez definidos los parámetros y seleccionados los instrumentos de evaluación. Aquí se muestra cómo se podría llevar a cabo este paso:

I Para la seguridad de la información: beMits podría utilizar *Nessus* para realizar un escaneo de seguridad en su infraestructura de mensajería electrónica. Por ejemplo, podrían descubrir que los mensajes de *Outlook* no están encriptados durante el tránsito.

I Para la eficacia del servicio: beMits podría utilizar *SolarWinds* para monitorear la eficiencia de sus servicios de mensajería. Por ejemplo, podrían descubrir que los mensajes de *Slack* se entregan en menos de un segundo, pero que los mensajes de *Outlook* tardan hasta cinco segundos.

I Para la usabilidad: beMits podría realizar una encuesta a los empleados. Por ejemplo, podrían descubrir que el 90 % de los empleados encuentran que *Slack* es fácil de usar, pero solo el 60 % dice lo mismo de *Outlook*.

Examen de los hallazgos

Se debe realizar un análisis detallado de los resultados obtenidos para iden-tificar cualquier tipo de incidencia o deficiencia en los servicios de mensajería.

Ejemplo

Siguiendo con el ejemplo de la empresa beMits, el quinto paso del plan de pruebas sería el examen de los hallazgos, una vez implementadas las evaluaciones y registrados los hallazgos. Aquí se muestra cómo se podría llevar a cabo este paso:

▌ Para la seguridad de la información: beMits descubrió que los mensajes de *Outlook* no están encriptados durante el tránsito. Esto es una deficiencia de seguridad que podría poner en riesgo la información confidencial.
▌ Para la eficacia del servicio: beMits descubrió que los mensajes de *Outlook* tardan hasta cinco segundos en ser entregados, mientras que los mensajes de *Slack* se entregan en menos de un segundo. Esto indica una posible incidencia en la eficacia del servicio de correo electrónico de *Outlook*.
▌ Para la usabilidad: beMits descubrió que solo el 60 % de los empleados encuentran que *Outlook* es fácil de usar, en comparación con el 90 % para *Slack*. Esto sugiere una deficiencia en la usabilidad de *Outlook*.

Intervención sobre las incidencias

En la etapa final, se deben adoptar las medidas necesarias para corregir las incidencias detectadas, lo cual puede incluir desde la implementación de soluciones técnicas hasta la capacitación de los usuarios o la modificación de las directrices organizacionales.

Ejemplo

Finalmente, en el ejemplo de la empresa beMits, el sexto paso del plan de pruebas sería la intervención sobre las incidencias, una vez examinados los hallazgos:

I Para la seguridad de la información: beMits descubrió que los mensajes de *Outlook* no están encriptados durante el tránsito. Para corregir esta incidencia, beMits podría implementar la encriptación en *Outlook* o cambiar a un servicio de correo electrónico que ofrezca encriptación.

I Para la eficacia del servicio: beMits descubrió que los mensajes de *Outlook* tardan hasta cinco segundos en ser entregados. Para corregir esta incidencia, beMits podría trabajar con el proveedor de servicios de correo electrónico para mejorar la eficiencia de la entrega de mensajes.

I Para la usabilidad: beMits descubrió que solo el 60 % de los empleados encuentran que *Outlook* es fácil de usar. Para corregir esta incidencia, beMits podría ofrecer capacitación a los empleados sobre cómo utilizar *Outlook* de manera más eficiente o considerar la posibilidad de cambiar a un servicio de correo electrónico más fácil de usar.

El plan de pruebas comienza con el reconocimiento de los servicios de mensajería electrónica. Para esto, se recomienda la herramienta *Nmap,* que permite identificar los servicios de mensajería en la red.

El siguiente paso es el establecimiento de los parámetros de evaluación. Aquí, la herramienta recomendada es *Tenable Nessus,* que se utiliza para las evaluaciones de seguridad.

Posteriormente, se realiza la elección de instrumentos de evaluación. *Wireshark* es la herramienta recomendada para esta etapa, ya que permite el análisis de tráfico y encriptación.

Una vez seleccionados los instrumentos, se procede a la implementación de las evaluaciones. Nuevamente, *Nessus* es la herramienta recomendada para ejecutar los escaneos de seguridad y análisis de rendimiento.

Después de implementar las evaluaciones, se realiza el examen de los hallazgos. Para el análisis y gráficos de datos, se recomienda *Microsoft Excel* (o *LibreOffice Calc* como alternativa en *Linux*).

Finalmente, se lleva a cabo la intervención sobre las incidencias. Para el seguimiento y gestión de incidencias, se recomienda la herramienta *Jira*.

 Aplicación práctica

En el marco de una auditoría de los servicios de mensajería electrónica de una empresa, se llevó a cabo un plan de pruebas. Durante la fase de implementación de las evaluaciones, se descubrió una incidencia específica que requiere de análisis y corrección.

Como parte del proceso de auditoría, se configuraron alertas de seguridad para monitorizar el tráfico de correo electrónico no autorizado. Sin embargo, a pesar de la configuración de estas alertas, se observó un incremento en la recepción de correo *spam* y posibles correos de *phishing* que no fueron detectados por los filtros de seguridad establecidos.

¿Qué error en el plan de pruebas pudo haber contribuido a que los filtros de seguridad no detectaran eficazmente ni el correo *spam* ni el *phishing?*

SOLUCIÓN

El error en el plan de pruebas que pudo haber contribuido a esta situación está relacionado **con la elección de instrumentos de evaluación** (paso 3 del plan de pruebas). Es posible que los instrumentos seleccionados para la evaluación de los servicios de mensajería no fueran adecuados ni suficientemente robustos para detectar y filtrar eficazmente los correos electrónicos *spam* y de *phishing,* como se esperaba bajo los parámetros de seguridad de la información establecidos.

En el contexto de este error, la solución implicaría revisar y mejorar la elección de los instrumentos de seguridad utilizados para la evaluación de los correos electrónicos. Esto podría incluir la actualización de las herramientas de filtrado de *spam,* la integración de sistemas más avanzados de detección de *phishing* y asegurarse de que estos sistemas están configurados correctamente y actualizados para hacerles frente a las nuevas amenazas de seguridad que evolucionan constantemente.

3. Disponibilidad del servicio

La continuidad y accesibilidad de los servicios de mensajería electrónica son elementos esenciales que se examinan detenidamente durante su auditoría. Esta continuidad se define por la habilidad del servicio de mantenerse operativo y a disposición de las personas usuarias cuando sea necesario.

La medición de esta disponibilidad del servicio se efectúa típicamente calculando el porcentaje de tiempo operativo en un lapso específico. El ideal para un servicio de alta calidad es alcanzar el estándar de 99,999 % de disponibilidad, conocido popularmente como "cinco nueves". Este nivel de servicio sugiere que la plataforma de mensajería solo podría permitirse estar inoperante por un máximo de cinco minutos al año.

Para lograr y mantener este nivel de disponibilidad, resulta fundamental la implementación de sistemas de monitoreo en tiempo real (por ejemplo, AWS CloudWatch). Estos sistemas permiten la detección proactiva de interrupciones y facilitan la identificación temprana de posibles vulnerabilidades o errores que podrían comprometer la funcionalidad del servicio. Por medio de alertas inmediatas, los equipos de soporte técnico pueden abordar y solucionar incidencias con rapidez, minimizando así el impacto en las personas usuarias.

Además, la preparación ante posibles interrupciones se fortalece con la creación y el mantenimiento de planes de recuperación detallados. Estos planes, que incluyen estrategias como sistemas de respaldo, redundancia de datos y protocolos de recuperación de desastres, son fundamentales para asegurar una rápida restauración del servicio en caso de fallos:

Estrategia	Descripción	Ejemplos
Sistemas de respaldo	Consisten en crear copias de seguridad de la información y el *software* crítico para su restauración en caso de pérdida de datos o fallos del sistema.	Utilización de servicios de almacenamiento en la nube como AWS S3, Google Cloud Storage o Azure Backup para almacenar copias de seguridad de manera regular.

Continúa en página siguiente >>

<< Viene de página anterior

Estrategia	Descripción	Ejemplos
Redundancia de datos	Implica la duplicación de componentes críticos del sistema o datos en diferentes ubicaciones físicas o en la nube, para asegurar la continuidad del servicio ante fallos. La redundancia no se limita solo a los datos, sino también a los componentes críticos de la infraestructura, con lo cual se asegura que la falla de un componente pueda ser rápidamente compensada por otro sin que afecte a la disponibilidad del servicio.	Diseño de una infraestructura de TI que incluye servidores duplicados en diferentes centros de datos o la replicación de bases de datos en tiempo real.
Protocolos de recuperación de desastres	Conjunto de procedimientos y herramientas diseñadas para restaurar la operatividad del servicio lo más rápido posible después de un desastre, minimizando el impacto negativo en el negocio.	Implementación de un plan de continuidad del negocio que incluya simulacros de desastres, *software* de gestión de recuperación y acuerdos con proveedores de servicios de emergencia.

El mantenimiento preventivo juega un papel clave en este contexto. A través de la actualización regular del *software,* la comprobación de la integridad de los datos y la revisión exhaustiva de las medidas de seguridad, se pueden evitar numerosos problemas antes de que ocurran.

 Nota

La integración de tecnologías avanzadas y la adaptación a las nuevas tendencias tecnológicas también tienen un papel esencial en la optimización de la disponibilidad. La adopción de soluciones basadas en la nube, por ejemplo, puede ofrecer mayores niveles de flexibilidad y escalabilidad, al permitir que los servicios de mensajería se adapten rápidamente a fluctuaciones en la demanda sin comprometer su rendimiento o seguridad. Además, el uso de la inteligencia artificial y el aprendizaje automático para el análisis de

Continúa en página siguiente >>

<< Viene de página anterior

datos en tiempo real puede mejorar la capacidad de previsión de los sistemas de monitoreo, pues anticipan posibles fallos antes de que ocurran y optimizan los recursos del sistema de manera más efectiva.

3.1. Amazon S3

Amazon S3 *(Simple Storage Service)* es un servicio de almacenamiento en la nube proporcionado por Amazon Web Services (AWS) que facilita el almacenamiento y la recuperación de datos a través de una interfaz de programación de aplicaciones (API), accesible desde cualquier lugar en la web.

AWS S3 almacena los objetos dentro de contenedores denominados *buckets.* Cada objeto puede tener un tamaño máximo de 5 terabytes. Además, permite una gestión eficiente del almacenamiento mediante la organización de datos con nombres compartidos llamados prefijos y la adición de hasta 10 pares de clave-valor (conocidos como etiquetas de objetos de S3) a cada objeto.

El servicio ofrece robustos controles de acceso, lo cual permite configurar y aplicar medidas de seguridad para proteger los datos de accesos no autorizados. También incluye funcionalidades de monitoreo de objetos y *buckets,* lo que proporciona visibilidad sobre el uso del almacenamiento y las tendencias de actividad dentro de la organización.

AWS S3 también soporta análisis de *big data,* permite ejecutar análisis directamente sobre los datos almacenados. Esto convierte a S3 en una herramienta versátil para la gestión y análisis de grandes volúmenes de datos en la nube.

Se puede crear una cuenta desde el siguiente enlace:

https://redirectoronline.com/uf12740501

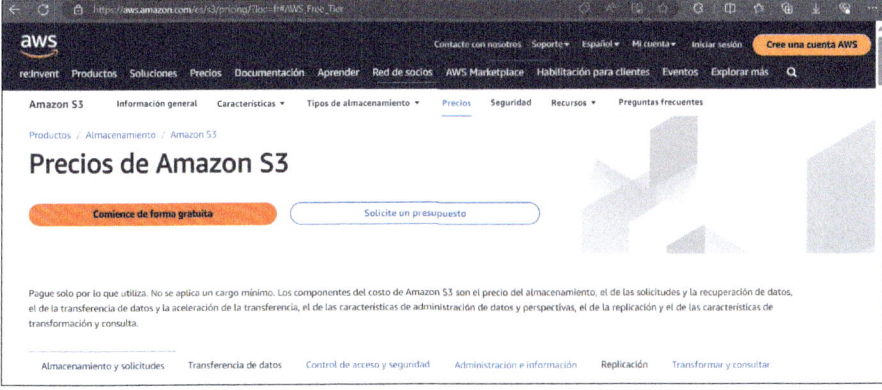

3.2. Azure Backup

Azure Backup proporciona copias de seguridad independientes y aisladas para máquinas virtuales de IaaS de Azure, para evitar la destrucción accidental de los datos originales. Estas copias se conservan en un almacén de Recovery Services, que incluye administración integrada de puntos de recuperación.

La escalabilidad es una característica destacada de Azure Backup. Aprovecha la eficacia y la escala ilimitada de la nube de Azure para asegurar una alta disponibilidad sin necesidad de mantenimiento ni supervisión intensiva. No hay limitaciones en la cantidad de datos transferidos y no se aplican cargos por la transferencia de datos, lo que hace que la gestión del almacenamiento en la nube sea flexible y económica.

Azure Backup también se enfoca en la seguridad de los datos, proporciona soluciones para proteger los datos tanto en tránsito como en reposo. Además, ofrece capacidades centralizadas de monitoreo y administración a través del almacén de Recovery Services, incluyendo funciones de alerta y supervisión integradas.

Se puede crear una cuenta desde el siguiente enlace:

https://redirectoronline.com/uf12740502

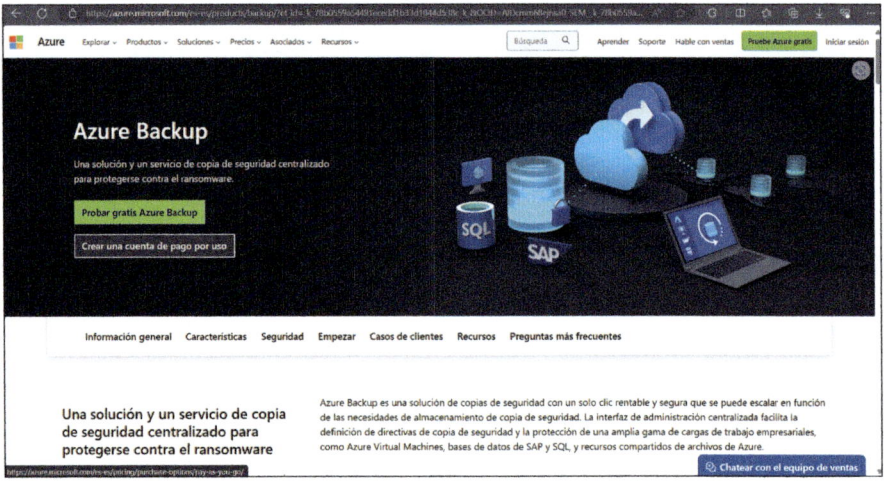

3.3. Google Cloud Storage

Google Cloud Storage admite el almacenamiento de objetos de tamaño terabyte y permite la creación de numerosos *buckets* por cuenta. Destaca por su alta capacidad y escalabilidad. Garantiza una fuerte consistencia de datos, asegura que las lecturas reflejen siempre los datos más recientes tras una carga o eliminación. Las operaciones de carga son atómicas, garantiza que un objeto solo está disponible después de haberse cargado completamente.

La plataforma proporciona opciones de redundancia múltiple, permite almacenar datos en diversas ubicaciones para mayor seguridad. Google Cloud Storage se integra con aplicaciones de colaboración nativas de la nube como *Docs, Sheets* y *Slides,* y facilita la creación y colaboración en contenido en tiempo real.

Se puede crear una cuenta desde el siguiente enlace:

https://redirectoronline.com/uf12740503

Actividades

1. ¿Cómo se calcula la disponibilidad de un servicio de mensajería electrónica y cuál es el estándar ideal conocido como "cinco nueves"?
2. ¿Qué estrategias son fundamentales para asegurar que la restauración del servicio en caso de fallo es rápida, según los planes de recuperación detallados?

Aplicación práctica

Una empresa de tecnología está ampliando su infraestructura para soportar un nuevo servicio de análisis de datos, que requerirá del manejo de grandes volúmenes de información crítica. Dada la importancia de la disponibilidad y la integridad de los datos para los clientes, la dirección ha solicitado al departamento de TI que refuerce las medidas de seguridad y recuperación ante posibles interrupciones.

El equipo de TI está evaluando varias estrategias para asegurar una recuperación rápida y eficaz del servicio en caso de fallo. Las opciones incluyen la implementación de sistemas de respaldo, la redundancia de datos y los protocolos de recuperación de desastres.

¿Qué estrategia debería priorizarse para asegurar la continuidad y la rápida recuperación del servicio de análisis de datos en caso de interrupción?

SOLUCIÓN

Para el servicio de análisis de datos, la estrategia más crítica que priorizar es la **redundancia de datos**. Esta estrategia no solo asegura la continuidad del servicio en caso de fallo de un componente del sistema, sino que también permite la recuperación rápida de los datos, lo cual es esencial para el análisis de datos.

4. Acuerdos de prestación de servicio (SLA)

Los acuerdos de nivel de servicio (SLA) constituyen convenios formalizados entre un proveedor de servicios y sus clientelas, los cuales estipulan el estándar de calidad de servicio esperado por parte del proveedor.

Es habitual que los SLA determinen el porcentaje de operatividad asegurado del servicio. Por ejemplo, podría estipularse en un SLA que el servicio estará disponible un 99,999 % del tiempo. Además, los SLA pueden estipular el intervalo de tiempo esperado para la atención de las consultas de las personas usuarias. Esta cuestión adquiere particular importancia en el contexto de los servicios de mensajería electrónica, dado que cualquier demora podría impactar en la eficiencia de las personas usuarias.

También es imprescindible que los SLA detallen el plazo comprometido por el proveedor para la solución de posibles problemas que surjan. Esto abarca tanto el tiempo de reacción inicial como el período completo hasta la resolución definitiva de la incidencia.

Frente a la no observancia de los compromisos asumidos en los SLA, el proveedor podría sufrir sanciones, en forma de compensaciones de servicio, descuentos o, en situaciones límite, la rescisión del acuerdo. Es necesario llevar a cabo una revisión periódica de los SLA y, de ser pertinente, proceder a su renegociación para garantizar su alineación con las necesidades actuales y su efectividad a lo largo del tiempo.

 Ejemplo

Considere el caso de una empresa especializada en la provisión de servicios de mensajería electrónica para empresas, conocida como Challenger. Para asegurar la plena satisfacción de sus clientes y establecer de forma transparente el nivel de servicio ofrecido, Challenger celebra un acuerdo de nivel de servicio (SLA) con cada uno de sus clientes, entre ellos una conocida corporación denominada Génesis 16.

Continúa en página siguiente >>

<< Viene de página anterior

Este SLA compromete a Challenger a mantener una disponibilidad del 99,95 % mensual para su servicio de mensajería electrónica. En términos prácticos, esto significa que, en un mes típico de 30 días –equivalente a 43.200 min–, el servicio solo puede estar no disponible durante un máximo de 21,6 min. Si Challenger no logra mantener este nivel de disponibilidad, se verá obligada a compensar a Génesis 16 de acuerdo con las estipulaciones del SLA.

Para las solicitudes de soporte técnico, Challenger ha establecido en el SLA que el tiempo de respuesta inicial no debe superar las 2 h dentro del horario laboral establecido. Un retraso en la respuesta activaría automáticamente las compensaciones previstas en el SLA.

El acuerdo también especifica que cualquier incidente considerado crítico debe ser resuelto en menos de 24 h tras su reporte. Se entiende por incidente crítico aquel que impide completamente el uso del servicio de mensajería por parte de los usuarios de Génesis 16. La incapacidad de Challenger para cumplir con este compromiso resultará en la aplicación de penalizaciones acordadas, tales como créditos para servicios futuros.

En el caso de que Challenger falle en cumplir con los estándares de disponibilidad, tiempo de respuesta o resolución de incidencias establecidos, la empresa ofrece créditos del 5 % sobre la tarifa mensual del servicio por cada 0,01 % que la disponibilidad descienda por debajo del 99,95 %. Además, un 10 % de crédito se aplicará por cada incidente que no se resuelva dentro del plazo convenido.

El SLA prevé una revisión anual para ajustar cualquier término en función de los desarrollos tecnológicos, las necesidades de Génesis 16 y el rendimiento del servicio. Tanto Challenger como Génesis 16 pueden solicitar una reunión para discutir y, si es necesario, renegociar los términos del SLA, lo cual garantiza así que el acuerdo permanezca actualizado y relevante para ambas partes.

Continúa en página siguiente >>

<< Viene de página anterior

**Modelo de acuerdo de nivel de servicio (SLA) para
servicios de mensajería electrónica entre:**

Proveedor de servicios: Challenger S. L. (en adelante, "el Proveedor").
Cliente: Génesis 16 S. A. (en adelante, "el Cliente").
Fecha de inicio: 16 de junio de 2024
Duración: 12 meses, con posibilidad de renovación automática, salvo que alguna de las partes notifique lo contrario, con al menos 30 días de antelación a la fecha de vencimiento.

---

1. Objeto del acuerdo

Este acuerdo de nivel de servicio (SLA) establece los términos y condiciones bajo los cuales el Proveedor se compromete a ofrecer y mantener los servicios de mensajería electrónica para el Cliente.

---

2. Descripción del servicio

El Proveedor proporcionará servicios de mensajería electrónica, que incluyen, pero no se limitan a, correo electrónico, mensajería instantánea, y servicios de chat para uso empresarial.

---

3. Niveles de servicio

3.1 Disponibilidad del servicio: el Proveedor garantiza una disponibilidad de servicio del 99,95 %, calculada mensualmente.

3.2 Tiempo de respuesta: el tiempo de respuesta para solicitudes de soporte técnico no excederá de las 2 horas durante el horario laboral, definido de 09:00 a 17:00 horas, de lunes a viernes.

3.3 Resolución de incidencias: las incidencias críticas serán resueltas en un máximo de 24 horas desde su notificación por parte del Cliente.

---

4. Penalizaciones

Si el Proveedor no cumple con los niveles de servicio estipulados, el Cliente recibirá una compensación, que puede incluir créditos en la factura del mes siguiente, de la siguiente manera:

- Un crédito del 5 % sobre la factura mensual por cada 0,01 % que la disponibilidad del servicio esté por debajo del 99,95 %.

Continúa en página siguiente >>

<< Viene de página anterior

- Un crédito del 10 % sobre la factura mensual por cada incidente no resuelto dentro de los plazos establecidos.

5. Medición y reportes

El Proveedor entregará al Cliente informes mensuales sobre el rendimiento y la disponibilidad del servicio, incluyendo el cumplimiento de los SLA.

6. Revisión y renegociación

Este SLA será objeto de revisión anual. Ambas partes pueden solicitar la renegociación de sus términos con una antelación mínima de 30 días respecto a la fecha de revisión anual.

7. Condiciones generales

Este acuerdo establece las bases de la prestación de servicios de mensajería electrónica, sin perjuicio de acuerdos particulares que puedan establecerse adicionalmente.

8. Firma de las partes

Por Challenger S. L

Nombre:
Cargo:
Fecha:

Por Génesis 16 S. A.

Nombre:
Cargo:
Fecha:

La integración de tecnologías avanzadas y la adaptación a las nuevas tendencias son fundamentales para cualquier empresa. *OnlyOffice* es una plataforma en la nube que proporciona una *suite* completa de herramientas de oficina, diseñada para gestionar proyectos, comunicarse con clientes y crear documentos desde un solo lugar. Compatible tanto con *Windows* como con *Linux, OnlyOffice* facilita la creación y gestión de acuerdos de prestación de servicios (SLA) mediante el uso de plantillas de documentos legales, las cuales se pueden rellenar en línea o descargar en formatos como DOCXF o PDF.

OnlyOffice ofrece una variedad de plantillas de acuerdos legales que permiten formalizar compromisos entre una persona o empresa y otra entidad que realizará una actividad específica. Estas plantillas, disponibles de manera gratuita y sin necesidad de registro, pueden ser rellenadas en línea y exportadas en el formato deseado. Sin embargo, es importante tener en cuenta que las plantillas predefinidas no pueden ser modificadas directamente. Solo se puede rellenar el contenido existente o exportar el formulario a DOCXF para realizar modificaciones en el archivo de texto.

La gestión centralizada de documentos y acuerdos en *OnlyOffice* facilita el acceso y la modificación de estos según sea necesario.

Se puede crear una cuenta desde el siguiente enlace:

https://redirectoronline.com/uf12740504

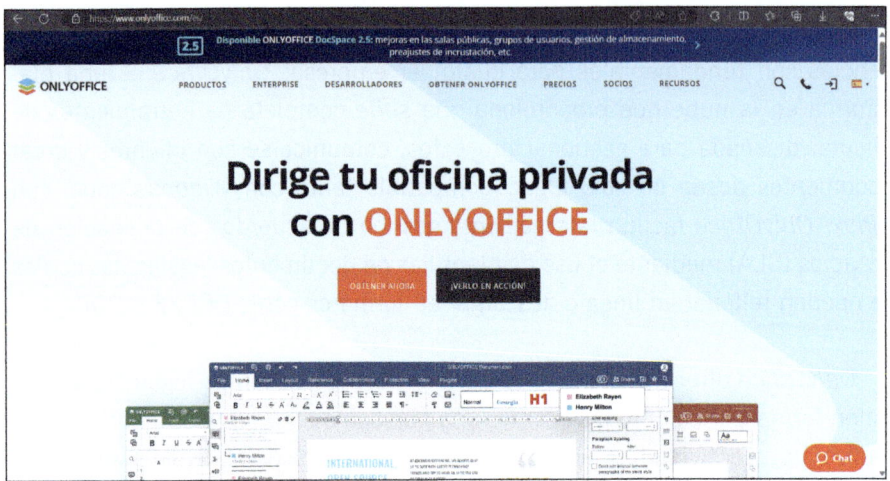

 Actividades

3. ¿Cómo se asegura en un SLA que el estándar de calidad de servicio sea el esperado, especialmente en términos de operatividad y tiempo de respuesta a las consultas de los usuarios?
4. ¿Qué medidas se toman frente a la no observancia de los compromisos establecidos en un SLA? ¿Cómo se maneja la revisión y renegociación de estos acuerdos?

5. Alta disponibilidad en sistemas de correo

La alta disponibilidad en los sistemas de correo es un elemento esencial durante la evaluación de los servicios de mensajería electrónica. Tal aspecto se relaciona con la habilidad de estos sistemas para mantenerse operativos de manera ininterrumpida, aun frente a posibles incidencias o fallos.

Para asegurar esta continuidad operativa, es imprescindible que los sistemas de correo incorporen redundancia. Ello implica que, ante el fallo de cualquier componente, exista otro preparado para reemplazarlo y asumir su rol sin demora. Este enfoque puede incluir la duplicación de servidores de correo, el almacenamiento de datos de forma redundante y el establecimiento de múltiples conexiones de red.

La tabla siguiente explica el concepto de redundancia en los sistemas de correo. Va acompañada de ejemplos para ilustrar cómo se implementa esta práctica:

Aspecto	Descripción	Ejemplos
Servidores de correo	Duplicación de servidores de correo para asegurar que, en caso de fallo de uno, otro pueda tomar inmediatamente su lugar y mantener el servicio activo.	Uso de clústeres de servidores que replican los datos y servicios de correo entre sí, con lo cual se permite una transición suave sin interrupciones en caso de fallo.
Almacenamiento de datos	Almacenamiento de datos redundante en múltiples ubicaciones físicas o en la nube para garantizar la recuperación de información ante cualquier pérdida de datos.	Implementación de RAID en los sistemas de almacenamiento para duplicar los datos en varios discos duros, para asegurar su disponibilidad ante fallos de *hardware*.
Conexiones de red	Establecimiento de múltiples conexiones de red para asegurar una conectividad constante, incluso si una de las rutas de conexión falla.	Configuración de dos o más líneas de internet de proveedores distintos para que, si una se cae, la otra pueda sostener la conexión de red del sistema de correo.

Otro mecanismo fundamental para sostener la alta disponibilidad es el balanceo de carga, que se encarga de distribuir las peticiones de los usuarios a través de varios servidores. Esta distribución evita la saturación de los servidores al optimizar la disponibilidad y el rendimiento global del sistema de correo.

La tabla siguiente explica el concepto de balanceo de carga en los sistemas de correo, con ejemplos para ilustrar su aplicación:

Aspecto	Descripción	Ejemplos
Distribución de peticiones	El balanceo de carga distribuye equitativamente las solicitudes de los usuarios entre varios servidores para evitar puntos de congestión.	Implementación de un balanceador de carga *hardware* que dirige el tráfico de correo electrónico entrante hacia el servidor menos ocupado en tiempo real.
Prevención de saturación	Al distribuir las peticiones, se evita que un único servidor se vea sobrecargado al mantener un equilibrio en el uso de recursos.	Uso de balanceadores de carga de *software*, como Nginx o HAProxy, para distribuir las solicitudes de acceso al correo entre diferentes servidores.
Optimización de disponibilidad y rendimiento	Esta estrategia mejora la disponibilidad del servicio al prevenir fallos por sobrecarga y optimiza el rendimiento al utilizar de manera eficiente los recursos disponibles.	Aplicación de técnicas de balanceo de carga basadas en DNS para distribuir el tráfico globalmente entre centros de datos, lo cual mejora la respuesta y la resistencia del sistema.

Los sistemas de correo que se caracterizan por su alta disponibilidad deben poseer la capacidad de autorrecuperación ante fallos. Esto supone la integración de soluciones de *software* encargadas de identificar problemas y activar procesos de recuperación, junto con sistemas de respaldo que faciliten la restauración de información perdida.

La tabla siguiente describe la capacidad de autorrecuperación en los sistemas de correo, con ejemplos que ilustran cómo se implementa:

Aspecto	Descripción	Ejemplos
Detección de problemas	Implementación de herramientas de monitoreo que constantemente evalúan el estado del sistema para identificar de manera temprana cualquier fallo.	Uso de *software* de monitoreo como *Zabbix* o *Nagios* para alertar sobre fallos del sistema y activar protocolos de diagnóstico.
Procesos de recuperación	Configuración de mecanismos automáticos que se activan en respuesta a incidencias detectadas para restaurar el servicio de forma rápida y eficaz.	Implementación de *scripts* de recuperación automática que reinician servicios o servidores al detectar un mal funcionamiento.

Continúa en página siguiente >>

<< Viene de página anterior

Aspecto	Descripción	Ejemplos
Sistemas de respaldo	Utilización de sistemas de respaldo que almacenan copias de seguridad de los datos, con lo que permiten que se puedan recuperar en caso de pérdida o daño.	Creación de políticas de respaldo diarias en servidores secundarios o en la nube, lo cual asegura la disponibilidad de datos para su restauración inmediata tras un incidente.

Mantener los sistemas de correo funcionando sin pausas exige la posibilidad de llevar a cabo actualizaciones y tareas de mantenimiento sin afectar la prestación del servicio. Estrategias como las actualizaciones en caliente, que permiten renovar el sistema mientras continúa en operación, o la utilización de servidores suplentes durante las labores de mantenimiento, son clave en este aspecto.

La tabla siguiente describe cómo mantener los sistemas de correo operativos durante las actualizaciones y tareas de mantenimiento sin interrumpir el servicio, junto con ejemplos de cómo se puede lograr:

Aspecto	Descripción	Ejemplos
Actualizaciones en caliente	Técnica que permite aplicar actualizaciones de *software* o cambios en la configuración sin necesidad de detener el sistema de correo, asegurando su operatividad constante.	Implementación de sistemas de gestión de paquetes que soportan la actualización de componentes del servidor de correo sin reinicios, como DPKG o RPM.
Servidores suplentes	Uso de servidores alternativos que toman el relevo del servicio principal durante las labores de mantenimiento, con lo cual permiten que las operaciones continúen sin interrupciones.	Configuración de un entorno de alta disponibilidad donde, durante el mantenimiento, el tráfico de correo se redirige automáticamente a un servidor secundario o de respaldo.

HAProxy es una herramienta que proporciona balanceo de carga y alta disponibilidad para sistemas de correo. Esta herramienta, compatible con *Windows* y *Linux,* distribuye las solicitudes de correo electrónico entre múltiples servidores, asegurando que el servicio permanezca operativo incluso si uno de los servidores falla. Entre sus características se encuentran las siguientes:

- *HAProxy* distribuye el tráfico de correo electrónico entrante de manera equitativa entre varios servidores. Esto previene la sobrecarga de un solo servidor y optimiza el rendimiento del sistema.
- En caso de fallo de uno de los servidores, *HAProxy* redirige automáticamente el tráfico a otros servidores operativos, manteniendo la continuidad del servicio.
- *HAProxy* ofrece capacidades de monitoreo que permiten visualizar el estado de los servidores y la distribución del tráfico en tiempo real, lo que facilita la administración y el mantenimiento del sistema.

Para conseguir *HAProxy* hay que visitar el sitio web oficial, en haproxy.org, y descargar la versión compatible con el sistema operativo *(Windows* o *Linux):*

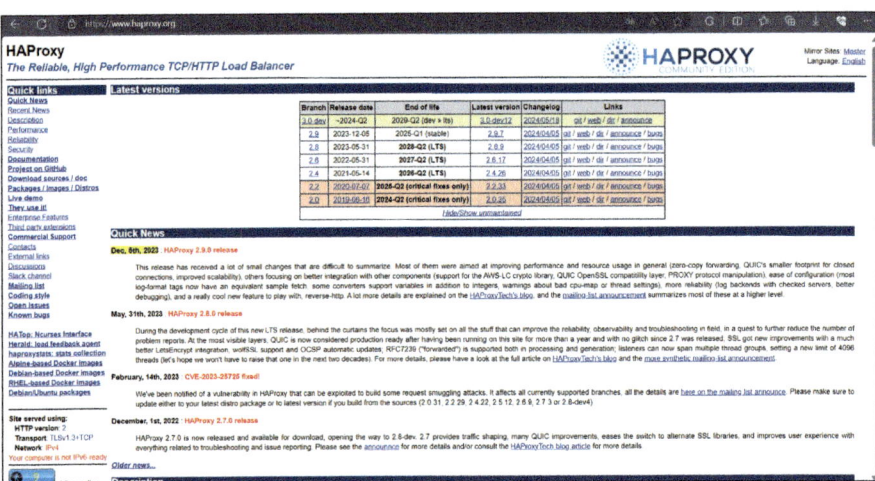

Después, se deben seguir las instrucciones de instalación proporcionadas en la documentación del sitio web. Para *Linux,* generalmente implica el uso de un gestor de paquetes como apt o yum, mientras que para *Windows* puede requerir un instalador específico.

Por último, se configura *HAProxy* siguiendo las guías y ejemplos disponibles en la documentación. Esto incluye definir los servidores *backend* y las reglas de balanceo de carga en el archivo de configuración de *HAProxy*.

Actividades

5. ¿Cómo contribuye la redundancia en servidores, almacenamiento de datos y conexiones de red a asegurar la alta disponibilidad en los sistemas de correo electrónico?
6. ¿De qué manera el balanceo de carga ayuda a optimizar la disponibilidad y el rendimiento de un sistema de correo? ¿Qué ejemplos ilustran su aplicación?

Aplicación práctica

Imagine que se encarga de administrar un servidor de correo electrónico en una empresa. Durante una revisión rutinaria, nota que el sistema ha comenzado a retrasar la entrega de correos electrónicos, lo cual es un indicativo de un posible fallo en el sistema.

¿Cómo puede la implementación de herramientas de monitoreo, procesos de recuperación automática y sistemas de respaldo asegurar que el servicio de correo electrónico se mantenga operativo y eficiente ante este tipo de fallo?

SOLUCIÓN

1. Detección de problemas: utilizando herramientas de monitoreo como *Zabbix* o *Nagios*, el sistema está configurado para evaluar constantemente el estado del servidor y alertar sobre cualquier anomalía que sugiera un posible fallo, como el retraso en la entrega de correos. Estas herramientas pueden detectar problemas de rendimiento, sobrecarga del sistema o incluso intentos de ataques que puedan estar causando estos retrasos.
2. Procesos de recuperación: ante la detección de este problema, se activan mecanismos automáticos de recuperación. Por ejemplo, *scripts* de recuperación automática que pueden ejecutar tareas como reiniciar servicios o servidores, o redistribuir cargas de trabajo para mitigar el retraso detectado y restablecer la operatividad normal del servicio de correo.

Continúa en página siguiente >>

<< Viene de página anterior

3. Sistemas de respaldo: en paralelo, los sistemas de respaldo aseguran que todos los datos (correos electrónicos enviados y recibidos) se guarden de manera segura en servidores secundarios o en la nube. Esto es crucial en caso de que el fallo del sistema impida la recuperación normal y se necesite restaurar la información desde estos respaldos.

---

6. Resumen

El plan de pruebas es una herramienta esencial en la auditoría de servicios de mensajería electrónica, está diseñado para identificar y resolver problemas eficazmente. Este proceso comienza con el reconocimiento de todos los servicios de mensajería utilizados: correo electrónico, mensajería instantánea y servicios de chat, etc. Posteriormente, se definen los parámetros de evaluación, como la seguridad de la información, la eficacia del servicio y la usabilidad. La elección de instrumentos adecuados para llevar a cabo las evaluaciones es el siguiente paso, seguido por la implementación de estas evaluaciones y el análisis detallado de los hallazgos para identificar incidencias o deficiencias. Finalmente, se toman medidas para corregir las incidencias detectadas, que pueden variar desde implementar soluciones técnicas hasta modificar directrices organizacionales.

La disponibilidad del servicio es un aspecto crítico. En este caso se busca alcanzar una operatividad cercana al 99,999 %, conocida como "cinco nueves", lo que implica una mínima interrupción al cabo de un año. Para esto, se implementan sistemas de monitoreo en tiempo real y se establecen planes de recuperación detallados, incluyendo sistemas de respaldo, redundancia de datos y protocolos de recuperación de desastres, esenciales para una rápida restauración del servicio ante fallos.

Los acuerdos de nivel de servicio (SLA) juegan un papel vital: definen el estándar de calidad esperado y establecen penalizaciones en caso de incumplimiento. Estos acuerdos deben revisarse y renegociarse regularmente para adaptarse a los cambios tecnológicos, las necesidades de los clientes y el rendimiento del servicio.

Para garantizar una alta disponibilidad en sistemas de correo, es fundamental incorporar redundancia, balanceo de carga para distribuir equitativamente las solicitudes de usuarios, capacidad de autorrecuperación para restaurar el servicio automáticamente después de fallos, y realizar mantenimientos y actualizaciones sin interrupciones, utilizando técnicas como actualizaciones en caliente y servidores suplentes. Estas estrategias aseguran que el sistema de correo permanezca operativo y accesible, minimizando el impacto de posibles interrupciones en la comunicación empresarial.

Ejercicios de repaso y autoevaluación

1. ¿Qué finalidad tiene el plan de pruebas en la auditoría de los servicios de mensajería electrónica?

2. Mencione dos etapas importantes en la elaboración de un plan de pruebas para la auditoría de servicios de mensajería electrónica.

3. ¿Cuáles son dos aspectos que se evalúan durante la auditoría de servicios de mensajería electrónica?

4. ¿Cuál de los siguientes ejemplos podría considerarse como una herramienta de evaluación en la auditoría de servicios de mensajería?

      a. Calculadora de costos
      b. *Software* de monitoreo de red
      c. Hoja de cálculo de inventario
      d. Herramienta de diseño gráfico

5. ¿Qué es un SLA y cuál es su importancia en los servicios de mensajería electrónica?

6. Enumere dos estrategias importantes para asegurar la alta disponibilidad en los sistemas de mensajería electrónica.

_____

_____

7. ¿Cuál es la meta de disponibilidad en porcentaje que los servicios de mensajería electrónica de alta calidad suelen aspirar a alcanzar?

_____

_____

8. Indique un ejemplo de cómo se puede implementar la redundancia de datos en los sistemas de mensajería electrónica.

_____

_____

9. Describa brevemente cómo el balanceo de carga contribuye a la alta disponibilidad en los sistemas de mensajería electrónica.

_____

_____

10. ¿Cuál de los siguientes ejemplos es un método efectivo para manejar fallos en los sistemas de correo para mantener su alta disponibilidad?

    a. Incremento en la capacidad de almacenamiento
    b. Implementación de sistemas de respaldo
    c. Reducción de la cantidad de usuarios
    d. Eliminación de correos antiguos

11. ¿Qué función cumplen los protocolos de recuperación de desastres en los servicios de mensajería electrónica?

_____

_____

_____

_____

12. Mencione dos elementos que se deben considerar en la preparación ante posibles interrupciones en los servicios de mensajería electrónica.

_____

_____

13. ¿Cuál es el impacto de no cumplir con los SLA en los servicios de mensajería electrónica?

_____

_____

14. Explique la importancia del mantenimiento preventivo en los sistemas de mensajería electrónica.

_____

_____

_____

_____

15. ¿Cuál de los siguientes aspectos NO es comúnmente asegurado por un SLA en el contexto de los servicios de mensajería electrónica?

    a. Porcentaje de tiempo de operatividad del servicio
    b. Capacidad máxima de almacenamiento de _e-mails_
    c. Tiempo de respuesta a consultas de usuarios
    d. Plazo para la resolución de problemas

Capítulo 6

Técnicas de resolución de incidentes

Contenido

1. Introducción

En el ámbito de la auditoría y resolución de incidencias en servicios de mensajería electrónica, es imprescindible adoptar un enfoque que combine tanto medidas reactivas como proactivas para asegurar la eficiencia y continuidad del servicio. Las técnicas de resolución de incidentes se inician con la implementación de medidas de contención y soluciones temporales o *workarounds*. Estas acciones buscan minimizar el impacto operativo de los incidentes, para permitir que el servicio continúe funcionando de manera aceptable mientras se identifica y trabaja en una solución definitiva. Estas pueden variar desde la redirección del tráfico hasta el empleo de sistemas alternativos.

El análisis causa-raíz es otro pilar fundamental en este proceso, centrado en desentrañar el origen específico de los incidentes a través de métodos sistemáticos como el análisis de cinco porqués, diagramas de Ishikawa o herramientas especializadas en análisis. Esta etapa no solo facilita la comprensión de los factores subyacentes que provocan los fallos, sino que también es esencial para implementar correcciones que prevengan su repetición, fortaleciendo así la estabilidad y fiabilidad del servicio a largo plazo.

Por último, la gestión proactiva de problemas se presenta como una estrategia esencial, dirigida a la identificación y solución de potenciales problemas antes de que estos se conviertan en incidentes. Esta gestión incluye una vigilancia constante del sistema, la evaluación de riesgos y la realización de mejoras preventivas, como actualizaciones de *software* o ajustes en la infraestructura. Esta aproximación no solo mejora la resiliencia del sistema frente a futuros problemas, sino que también contribuye a una experiencia de usuario más sólida y confiable.

La combinación de estas técnicas de resolución de incidentes subraya la importancia de una estrategia integral, que abarca desde la respuesta inmediata a incidentes hasta la prevención y el fortalecimiento del sistema de mensajería electrónica.

2. Medidas de contención. *Workarounds*

Las acciones de contención, conocidas igualmente como *workarounds,* son soluciones provisionales aplicadas para asegurar la operatividad de los servicios de mensajería electrónica durante la resolución final de cualquier incidente. Estas acciones son fundamentales dentro del proceso de gestión de incidentes, ya que ayudan a reducir el impacto sobre el servicio y los usuarios finales.

La fase inicial para la aplicación de un *workaround* es identificar correctamente el problema. Esto incluye comprender en detalle la naturaleza del inconveniente, sus causas y el efecto que está teniendo sobre el funcionamiento del servicio de mensajería electrónica.

Tras la identificación del problema, se procede a la creación de un *workaround.* Esta solución interina o método alternativo busca mantener la continuidad del servicio. La elaboración de esta solución temporal debe ser ágil y efectiva, para reducir al mínimo el tiempo de interrupción. Una vez desarrollado, el *workaround* se aplica al sistema afectado. Es clave supervisar el sistema tras la implementación para confirmar que el *workaround* está operando de manera adecuada y que no ha generado nuevos problemas.

 Nota

Informar a las personas usuarias acerca del *workaround* es fundamental, especialmente si este implica cambios en la manera de interactuar con el servicio o si se prevén alteraciones temporales.

A continuación, se expone una tabla que describe algunos *workarounds* aplicados a diversos conceptos, junto con su objetivo específico:

Concepto	*Workaround* aplicado	Objetivo del *workaround*
Fallo de servidor	Redirección del tráfico a servidores de respaldo mientras se repara el servidor principal.	Mantener la continuidad del servicio de mensajería electrónica.
Sobrecarga del sistema	Limitación temporal del número de solicitudes de usuario para reducir la carga en el sistema.	Prevenir la caída del sistema debido a la sobrecarga y asegurar la disponibilidad del servicio.
Error de *software*	Reversión a una versión anterior del *software* mientras se desarrolla un parche para el error.	Evitar interrupciones del servicio mientras se soluciona el error de *software*.
Problema de conectividad	Utilización de una VPN como alternativa para sortear problemas de conectividad de red.	Garantizar la conectividad continua para los usuarios del servicio de mensajería.
Fallo de seguridad	Implementación de controles de acceso temporales más estrictos hasta resolver la vulnerabilidad.	Proteger la información y los datos de usuario hasta corregir el fallo de seguridad.
Desbordamiento de buzón	Limpieza automática o manual de buzones para liberar espacio y restaurar la funcionalidad.	Evitar la pérdida de mensajes importantes y garantizar la accesibilidad al servicio de mensajería.
Falla en la integración de servicios	Implementación temporal de una interfaz de comunicación alternativa entre los servicios afectados.	Mantener la interoperabilidad entre servicios críticos mientras se soluciona la falla de integración.
Incompatibilidad de versiones	Uso temporal de versiones compatibles del *software* en los sistemas de los usuarios hasta actualizar el sistema principal.	Asegurar la continuidad en el uso de aplicaciones sin interrupciones por incompatibilidad de *software*.
Retrasos en la entrega de mensajes	Priorización de mensajes críticos y ajuste en la configuración del servidor para manejar el flujo de mensajes de manera eficiente.	Minimizar el impacto de los retrasos en la comunicación interna y con clientes.
Saturación de la red	Redirección del tráfico a través de rutas alternativas de red para aliviar la carga en los puntos saturados.	Prevenir la degradación del servicio debido a problemas de red y mantener la fluidez de la comunicación.

Paralelamente al funcionamiento del *workaround,* se debe avanzar en la solución definitiva del problema. Una vez esta se encuentre lista, el *workaround* se debe desactivar para retornar el servicio a su estado habitual.

Es esencial realizar una evaluación posterior del incidente y del *workaround* utilizado, con el objetivo de extraer aprendizajes que permitan optimizar la gestión de futuros incidentes.

3. Análisis causa-raíz

El análisis de causa-raíz constituye un procedimiento sistemático destinado a hallar el origen primordial de un problema. Este enfoque resulta esencial para solventar incidentes en los servicios de mensajería electrónica, de manera que se evite la reaparición del mismo problema.

El proceso de análisis de causa-raíz sería el siguiente:

1. **Reconocimiento del incidente.** El inicio de este análisis demanda la precisa identificación del incidente, lo que implica una comprensión profunda del problema y su impacto en el servicio de mensajería electrónica.
2. **Recolección de datos.** Seguidamente, se procede a la recopilación de toda la información pertinente, incluyendo (pero no limitándose a) registros de sistema y reportes de errores que faciliten una comprensión amplia del incidente.
3. **Determinación de la causa primaria.** Utilizando la información recabada, se lleva a cabo una evaluación detallada para determinar la causa-raíz del incidente. Para ello, pueden emplearse varias metodologías de análisis, como los diagramas de causa-efecto, análisis de Pareto o diagramas de árbol de errores.
4. **Aplicación de medidas correctivas.** Identificada la causa primaria, se implementan medidas correctivas para solventar la raíz del problema. Estas pueden ser desde ajustes en la configuración del sistema hasta actualizaciones de *software* o cambios en los procedimientos operativos.
5. **Comprobación de la efectividad de las medidas.** Tras la implementación de las medidas correctivas, es clave verificar que el problema ha sido efectivamente resuelto y que no habrá recurrencia en el futuro. Esto

puede requerir un monitoreo continuo del sistema y un análisis posterior de los reportes de incidentes.

6. **Documentación y retroalimentación.** Finalmente, documentar el proceso completo desde el análisis hasta la solución implementada es vital. Esta documentación contribuye al aprendizaje organizacional y a la mejora continua en la gestión de futuros incidentes.

Ejemplo

A continuación, se presenta un ejemplo sobre cómo se podría aplicar el análisis de causa-raíz en un servicio de mensajería electrónica:

▌ Reconocimiento del incidente. El 7 de abril de 2024, los usuarios del servicio de correo electrónico *CorreoMail* comenzaron a reportar que no podían enviar correos electrónicos. El equipo de soporte técnico reconoció este incidente como un problema crítico debido a su impacto en la comunicación de los usuarios.

▌ Recolección de datos. El equipo de soporte técnico recopiló registros de sistema y reportes de errores de los usuarios afectados. Los registros mostraban un error, "SMTP 554 Transaction Failed", cada vez que un usuario intentaba enviar un correo electrónico.

▌ Determinación de la causa primaria. Utilizando los datos recopilados, el equipo de soporte técnico realizó un análisis detallado y determinó que la causa-raíz del incidente era una lista negra de direcciones IP en el servidor SMTP, que bloqueaba las solicitudes de envío de correo electrónico de los usuarios.

▌ Aplicación de medidas correctiva. Una vez identificada la causa primaria, el equipo de soporte técnico implementó medidas correctivas. Estas incluyeron la eliminación de las direcciones IP de los usuarios de la lista negra y la actualización de las políticas de seguridad del servidor para prevenir futuros bloqueos injustificados.

▌ Comprobación de la efectividad de las medidas. Tras la implementación de las medidas correctivas, el equipo de soporte técnico verificó que los usuarios podían enviar correos electrónicos nuevamente. Además, se estableció un monitoreo continuo del sistema para detectar rápidamente cualquier recurrencia del problema.

▌ Documentación y retroalimentación. Finalmente, el equipo de soporte técnico documentó todo el proceso, desde el reconocimiento del incidente hasta la solución implementada. Esta documentación se utilizó para mejorar la gestión de incidentes futuros y para formar a nuevos miembros del equipo de soporte técnico.

Las causas más comunes de incidencias en los servicios de mensajería electrónica incluyen:

- **Fallos de *hardware:*** se refiere a problemas con los servidores de correo o la infraestructura de red que pueden interrumpir el servicio.
- **Errores de *software:*** *bugs* o fallos en el *software* de correo electrónico que afectan a su funcionamiento.
- **Errores humanos:** equivocaciones cometidas por los usuarios o el personal de TI, como configuraciones erróneas o mal uso del sistema.
- **Ataques de seguridad:** incidentes como *phishing* o ataques de denegación de servicio que comprometen la seguridad del sistema.
- **Problemas de red:** cuestiones como latencia alta o pérdida de paquetes, que deterioran la calidad del servicio.
- **Problemas de configuración:** configuraciones inadecuadas en los servidores de correo o en los clientes de correo electrónico que provocan fallos en el servicio.
- **Sobrecarga del sistema:** ocurre cuando los servidores de correo están excesivamente cargados de trabajo, lo que puede llevar a una disminución del rendimiento.

Existen varios métodos de análisis de causa-raíz. Cada uno tiene su contexto de aplicación ideal, dependiendo de la complejidad del problema, los recursos disponibles y el objetivo específico del análisis. La siguiente tabla resume varios tipos de análisis de causa-raíz, junto con sus ventajas y desventajas:

Tipo de análisis	Descripción	Ventajas	Desventajas
Diagrama de Ishikawa	Método gráfico para identificar todas las posibles causas de un problema	Facilita la visualización de causas y su relación con el problema.	Puede resultar complejo si el problema tiene muchas causas potenciales.
Análisis de Pareto	Basado en la regla 80/20, identifica las principales causas de los problemas	Permite concentrar esfuerzos en las causas que generan la mayoría de los problemas.	No siempre es fácil determinar las causas principales de un problema.

Continúa en página siguiente >>

<< Viene de página anterior

Tipo de análisis	Descripción	Ventajas	Desventajas
Diagrama de árbol de errores	Explora las relaciones entre problemas y sus posibles causas mediante un diagrama gráfico.	Ayuda a desglosar el problema principal en causas específicas de manera estructurada.	Requiere de un conocimiento detallado del proceso para ser efectivo.
Los cinco porqués	Consiste en preguntar repetidamente por qué, hasta alcanzar la causa fundamental.	Es simple y directo, no requiere herramientas complejas para su implementación.	Puede llevar a simplificaciones excesivas, omitiendo causas importantes.
Método 5S	Mejora la eficiencia y efectividad mediante la organización y limpieza del entorno de trabajo.	Promueve un entorno de trabajo ordenado y eficiente, reduciendo errores y mejorando la productividad.	Su enfoque más en la organización que en la identificación de causas raíz puede limitar su aplicabilidad en algunos análisis.

 Para saber más

A través del siguiente enlace se puede acceder a un artículo complementario de IBM sobre algunos aspectos específicos del análisis de causa-raíz:

https://redirectoronline.com/uf12740601

Actividades

1. ¿Cuáles son las etapas clave en el proceso de análisis de causa-raíz para abordar incidentes en un servicio de mensajería electrónica? ¿Cómo se verifica la efectividad de las medidas correctivas implementadas?
2. ¿Qué metodologías de análisis pueden utilizarse para determinar la causa primaria de un incidente? ¿Cuáles son las ventajas y desventajas del método de los cinco porqués en comparación con el diagrama de Ishikawa?

Aplicación práctica

Una aplicación web de comercio electrónico ha experimentado un aumento significativo en los tiempos de carga de sus páginas durante los últimos meses. Los análisis de rendimiento indican que, en marzo, el tiempo medio de carga de las páginas era de 2 s. Sin embargo, en abril aumentó a 2,5 s, en mayo a 3 s y en junio a 3,5 s. Los usuarios han reportado insatisfacción debido a la lentitud de la aplicación, lo cual ha impactado negativamente en las ventas y la imagen de la empresa. Los problemas comunicados son principalmente en las páginas de listado de productos y de finalización de la compra.

¿Qué método de análisis de causa-raíz debería utilizar para identificar las causas fundamentales del aumento en los tiempos de carga de la aplicación web? ¿Cómo lo aplicarías?

SOLUCIÓN

Para abordar el problema del incremento en los tiempos de carga en una aplicación web de comercio electrónico, el método más adecuado para realizar un análisis de causa- raíz es el diagrama de árbol de errores. Este método es particularmente efectivo en situaciones en que es necesario explorar las relaciones entre un problema complejo (como los tiempos de carga) y sus posibles causas en un entorno tecnológico.

4. Gestión proactiva de problemas

La implementación de la gestión proactiva de problemas en los sistemas de mensajería electrónica engloba varias prácticas esenciales, orientadas a anticiparse y mitigar potenciales incidencias antes de que afecten el servicio. La monitorización continua juega un papel fundamental en este proceso: consiste en una vigilancia ininterrumpida del sistema para identificar cualquier anomalía o comportamiento no esperado. Se analizan factores críticos como tiempos de respuesta, uso de recursos y errores del sistema, entre otros indicadores clave.

El análisis de tendencias complementa esta actividad, permitiendo detectar patrones o cambios en el comportamiento del sistema que puedan informar de futuros problemas. Este análisis aprovecha los datos recolectados durante la monitorización para identificar posibles áreas de mejora. Con esta información, se adoptan medidas preventivas, que pueden incluir desde la optimización del sistema hasta la actualización de *software* y la capacitación de los usuarios, con el fin de prevenir la concreción de los problemas detectados.

Además, la planificación de la capacidad asegura que el sistema posea los recursos necesarios para atender tanto la demanda actual como futura, lo que puede implicar aumentar la capacidad de almacenamiento o mejorar la infraestructura de red. Las pruebas regulares del sistema son también fundamentales, ya que permiten identificar y solucionar problemas antes de que afecten negativamente en los usuarios. Estas pruebas abarcan evaluaciones de rendimiento, seguridad y funcionalidad.

La documentación y mejora continua de todos los problemas identificados y las medidas proactivas implementadas también son vitales para el aprendizaje organizacional. Esta práctica no solo contribuye a la acumulación de conocimiento valioso, sino que también permite refinar las estrategias de gestión de problemas futuros, asegurando así una mejora constante en la calidad y fiabilidad del servicio de mensajería electrónica.

4.1. Implementación de la gestión proactiva de problemas en sistemas de mensajería electrónica

Para implementar de manera efectiva la gestión proactiva de problemas en sistemas de mensajería electrónica, se deben seguir ciertos pasos dentro de cada uno de los procesos mencionados. Aquí se detallan estos pasos:

1. Monitorización continua:

   ▪ Seleccionar e instalar herramientas adecuadas para el seguimiento continuo de indicadores clave, como tiempos de respuesta, uso de recursos y errores del sistema.
   ▪ Establecer umbrales para cada indicador que determinen qué se considera un comportamiento normal y cuándo se debe generar una alerta.
   ▪ Revisar y analizar las alertas generadas por las herramientas de monitorización para identificar posibles problemas o anomalías en el sistema.
   ▪ Emprender acciones correctivas inmediatas o registrar el problema para que se realice una investigación más detallada.

2. Análisis de tendencias:

   ▪ Asegurar una recolección sistemática de datos de rendimiento y errores a lo largo del tiempo.
   ▪ Utilizar herramientas estadísticas para identificar patrones o tendencias en los datos recolectados.
   ▪ Basándose en el análisis, identificar posibles problemas futuros o áreas de mejora.
   ▪ Diseñar e implementar medidas para prevenir los problemas identificados.

3. Prevención de problemas:

   ▪ Realizar ajustes técnicos para mejorar el rendimiento y la eficiencia del sistema de mensajería.

▮ Mantener el *software* actualizado para aprovechar mejoras y correcciones de errores.

▮ Proporcionar formación a usuarios y personal de TI sobre el uso correcto del sistema y mejores prácticas.

4. Planificación de la capacidad:

▮ Analizar tendencias de uso y proyecciones de crecimiento para anticipar necesidades futuras de recursos.

▮ Adquirir y desplegar recursos adicionales según sea necesario, como más capacidad de almacenamiento o mejoras en la infraestructura.

▮ Realizar pruebas para asegurar que el sistema pueda escalar eficazmente ante un aumento en la demanda.

5. Pruebas regulares:

▮ Desarrollar un plan de pruebas que incluya evaluaciones de rendimiento, seguridad y funcionalidad.

▮ Realizar las pruebas según el plan establecido y documentar los resultados.

▮ Revisar los resultados de las pruebas para identificar y resolver problemas.

6. Documentación y mejora continua:

▮ Registrar todos los problemas detectados, las acciones emprendidas y los resultados de las pruebas.

▮ Realizar revisiones periódicas de la documentación para analizar tendencias y lecciones aprendidas.

▮ Aplicar los conocimientos adquiridos para mejorar continuamente la gestión de problemas.

Ejemplo

La gestión proactiva de problemas en los servicios de mensajería electrónica se puede ilustrar con ejemplos prácticos para cada una de sus etapas:

1. Monitorización continua. Un servicio de mensajería electrónica utiliza un sistema de monitorización que alerta automáticamente al equipo de TI cuando el tiempo de respuesta de los mensajes excede los 2 segundos. Esta alerta temprana permite al equipo investigar y abordar cualquier cuestión de rendimiento antes de que los usuarios reporten lentitud en el servicio.
2. Análisis de tendencias. A través del análisis de los datos recopilados durante varios meses, se identifica que la carga del servidor de mensajería aumenta significativamente los viernes por la tarde, lo que podría causar una degradación del servicio. Este patrón permite al equipo planificar con anticipación, ajustando recursos o escalando el sistema para esos períodos pico.
3. Prevención de problema. Según los resultados del análisis de tendencias, se decide implementar una optimización en el algoritmo de enrutamiento de mensajes, reduciendo así la carga en los servidores durante los picos de actividad. Además, se actualiza el *software* de mensajería para aprovechar mejor los recursos del sistema y se realiza una sesión de capacitación para el personal de TI sobre mejores prácticas de gestión de recursos.
4. Planificación de la capacidad. Tras analizar las tendencias de uso y prever un aumento en el número de usuarios, se decide ampliar la capacidad del sistema añadiendo servidores adicionales y mejorando la infraestructura de red. Esto asegura que el servicio pueda manejar el crecimiento esperado sin comprometer el rendimiento.
5. Pruebas regulares. El equipo de TI establece un calendario de pruebas regulares, que incluyen pruebas de estrés para simular cargas altas en el sistema, pruebas de seguridad para detectar posibles vulnerabilidades y pruebas de funcionalidad para asegurar que todas las características del servicio funcionan según lo previsto.
6. Documentación y mejora continua. Cada incidente, junto con la solución implementada, se documenta detalladamente en una base de conocimientos. Tras resolver un problema significativo de latencia, el equipo revisa el proceso para identificar lecciones aprendidas, lo que lleva a la implementación de un nuevo protocolo de comunicación más eficiente entre los servidores de correo. Este aprendizaje se comparte con todo el personal relevante para mejorar las prácticas futuras.

4.2. Mantenimiento de la operatividad de los servicios de mensajería electrónica durante la gestión de incidentes: uso de *Nagios XI* y *PRTG*

Para mantener la operatividad de los servicios de mensajería electrónica durante la gestión de incidentes, es fundamental contar con herramientas adecuadas. A continuación, se presenta *Nagios XI* como una recomendación específica para *Linux* y *PRTG (Paessler Router Traffic Grapher)* para *Windows.*

Nagios XI

Nagios XI es una plataforma de monitoreo de código abierto ampliamente utilizada que ofrece capacidades avanzadas para la supervisión de sistemas y redes. Permite el monitoreo de red, servidores y aplicaciones, un sistema de alertas y notificaciones personalizable, y soporte extensivo de *plugins* para extender funcionalidades. Su comunidad activa y documentación extensiva son ventajas adicionales.

 Nota

Antes de comenzar la instalación en *Linux,* hay que verificar que se cumplen los siguientes requisitos:

Sistemas operativos compatibles:

∎ *Ubuntu 20.04/22.04, Debian 10/11, RHEL/CentOS/Oracle Linux 7.x/8.x/9.x (64-bit)*

Especificaciones mínimas del sistema:

∎ Procesador de 1 GHz
∎ 1 GB de RAM
∎ 8 GB de espacio en disco

Especificaciones recomendadas:

∎ Procesador de 2+ GHz
∎ 4 GB de RAM

Continúa en página siguiente >>

<< Viene de página anterior

▮ 40 GB de espacio en disco
▮ Configuración de disco RAID 5

Para instalar *Nagios XI* manualmente en un sistema *Linux,* se deben seguir una serie de pasos, detallados a continuación:

■ Paso 1. Preparar el sistema.

Actualice el sistema y las dependencias necesarias:

```
sudo apt update
sudo apt upgrade -y
sudo apt install -y apache2 php mysql-server php-mysql libapache2-
       mod-php php-gd php-ldap php-pear php-xml php-soap php-intl php-
       json php-mbstring php-cli php-curl
```

Asegure la instalación de MySQL:

```
sudo mysql_secure_installation
```

Siga las instrucciones en pantalla para configurar las opciones de seguridad.

■ Paso 2. Descargar e instalar *Nagios XI.*

Descargue el *script* de instalación de *Nagios XI* desde el sitio web oficial:

```
wget https://assets.nagios.com/downloads/nagiosxi/install.sh
```

Haga que el *script* sea ejecutable y ejecútelo:

```
chmod +x install.sh
sudo ./install.sh
```

El *script* de instalación guiará a través del proceso, solicitando información como la contraseña de *root* de MySQL y la contraseña del administrador de *Nagios XI*.

■ Paso 3. Acceder a la interfaz web de *Nagios XI*.

Una vez completada la instalación, acceda a la interfaz web de *Nagios XI* abriendo un navegador web y navegando a:

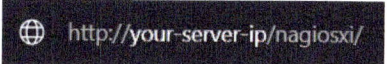

http://your-server-ip/nagiosxi/

Inicie sesión con el nombre de usuario "nagiosadmin" y la contraseña creada durante la configuración.

 Para saber más

El siguiente enlace da acceso a la base de conocimientos de soporte de *Nagios* para aprender con mayor detalle sus funcionalidades:

https://redirectoronline.com/uf12740602

PRTG

PRTG, desarrollado por Paessler, es una solución de monitoreo de red integral que proporciona una visión completa de toda la infraestructura de TI desde un único panel de control. Esta herramienta se ejecuta localmente en la infraestructura de TI y brinda control total sobre los datos, configuraciones y actualizaciones.

PRTG ofrece licencias perpetuas, lo que implica un pago único para obtener todas las funciones de monitoreo. Además, puede monitorear diversos aspectos de la infraestructura de correo electrónico, como la disponibilidad del servidor, el tiempo de entrega del correo y el tamaño de la cola de correo. *PRTG* también cuenta con una versión gratuita que permite hasta 100 sensores (cada sensor monitorea un aspecto específico de un dispositivo, como el tráfico de red, la utilización de la CPU y el espacio libre en disco).

Para la instalación de *PRTG* en *Windows* hay que seguir el proceso que se expone en las siguientes capturas, partiendo desde la web oficial de descargas:

https://redirectoronline.com/uf12740603

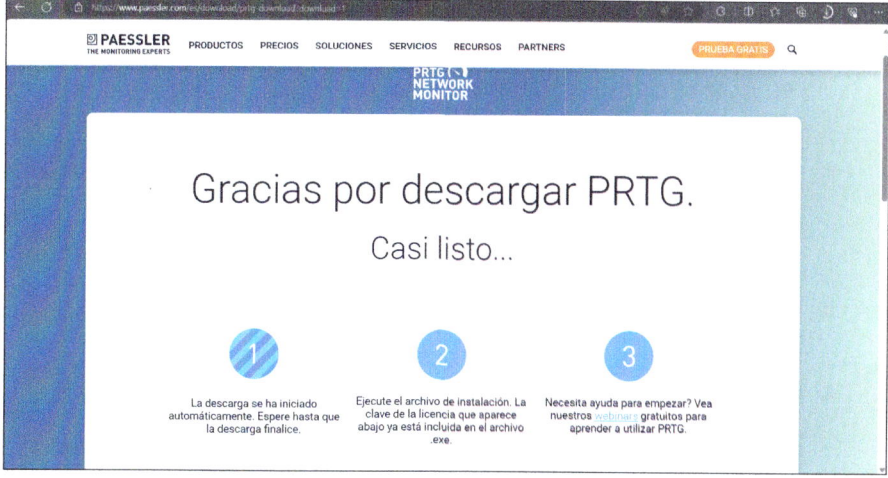

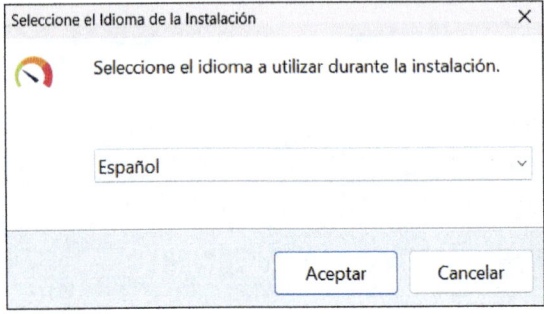

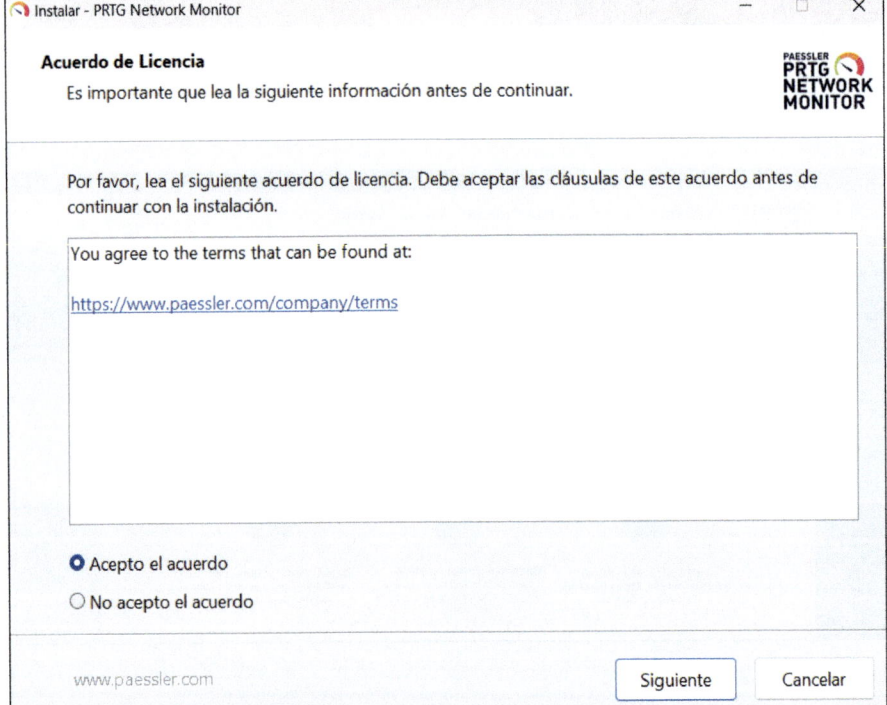

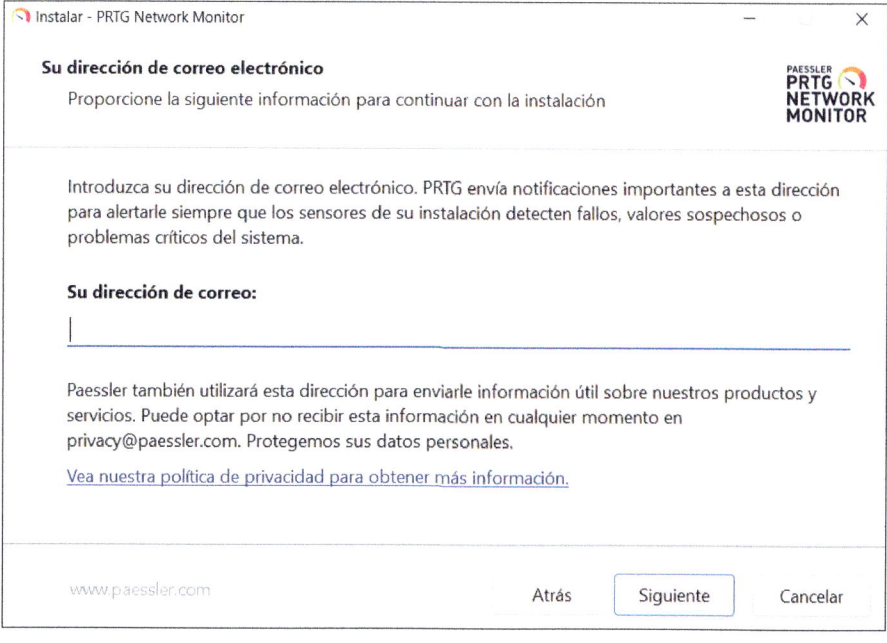

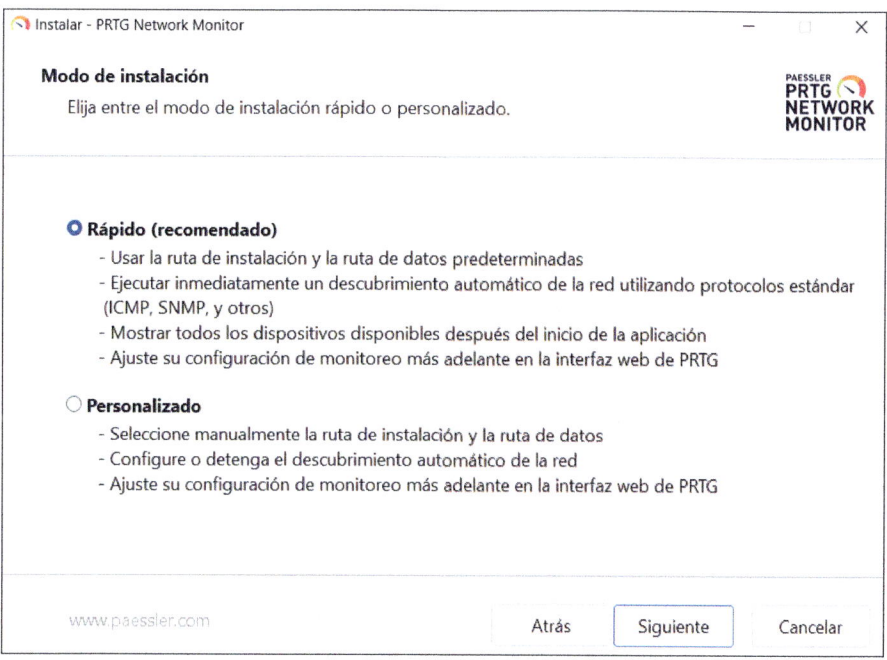

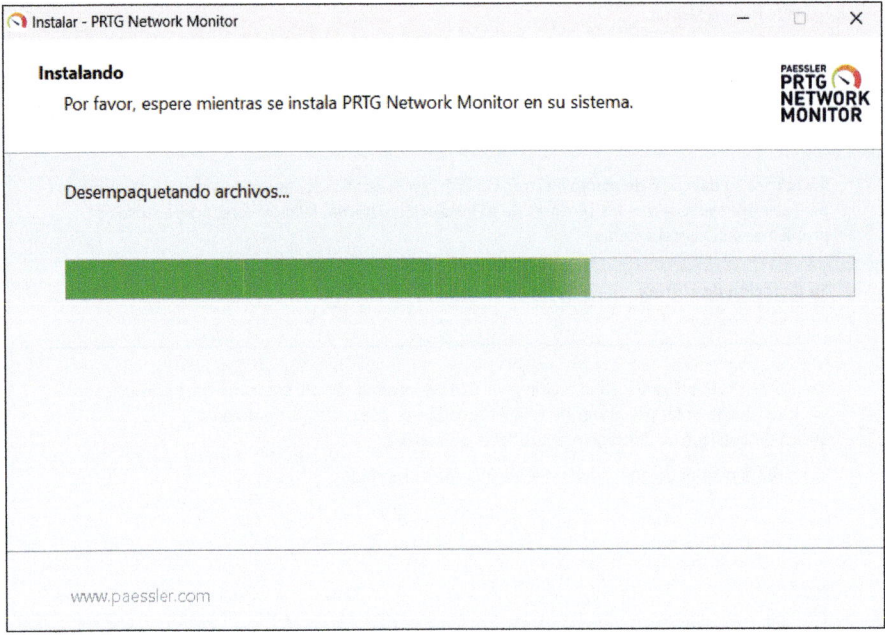

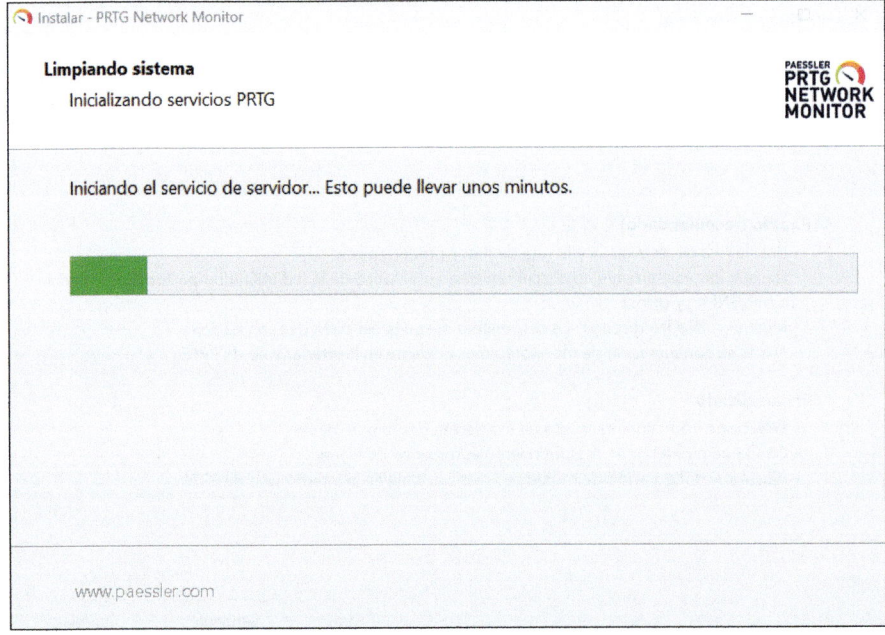

Para saber más

El siguiente enlace da acceso al manual de uso de *PRTG* para aprender con mayor detalle sus funcionalidades:

https://redirectoronline.com/uf12740604

Actividades

3. ¿Cómo se utiliza el análisis de tendencias en la gestión proactiva de problemas para prevenir incidencias futuras en sistemas de mensajería electrónica?
4. ¿Qué pasos se siguen en la planificación de la capacidad para asegurar que un sistema de mensajería electrónica pueda manejar tanto la demanda actual como la futura?
5. ¿Cuáles son los componentes clave de un plan de pruebas regulares en un sistema de mensajería electrónica? ¿Cómo contribuyen a la prevención de problemas?

Aplicación práctica

En una empresa de tecnología, un administrador de sistemas recientemente implementó una estrategia de gestión proactiva de problemas para su sistema de mensajería electrónica. Sin embargo, después de la implementación, comenzaron a aparecer

Continúa en página siguiente >>

<< Viene de página anterior

varios problemas no detectados anteriormente, como tiempos de respuesta lentos y errores frecuentes en el sistema, lo que afectaba a la comunicación interna de la empresa.

Identifique cuál de los pasos de implementación de la gestión proactiva de problemas fue omitido o realizado incorrectamente, lo que pudo haber llevado a estos problemas no detectados.

Los pasos seguidos por el trabajador han sido los siguientes:

I El trabajador instaló herramientas de monitorización para seguir indicadores clave como tiempos de respuesta y uso de recursos.
I Estableció umbrales que determinaban lo que se considera un comportamiento normal y cuándo generar una alerta.
I Realizó pruebas de rendimiento y funcionalidad según un plan establecido.
I Registró todos los problemas detectados y las acciones tomadas.
I Realizó ajustes técnicos para mejorar el rendimiento y mantener el *software* actualizado.
I Omitió la revisión y análisis de las alertas generadas por las herramientas de monitorización.

SOLUCIÓN

El paso que fue omitido o realizado incorrectamente por el trabajador fue la revisión y análisis de las alertas generadas por las herramientas de monitorización. Aunque el trabajador instaló herramientas adecuadas y estableció umbrales para la generación de alertas, no se menciona que revisara ni analizara estas alertas para identificar posibles problemas o anomalías en el sistema. Esta omisión es crítica, porque, aunque el sistema estaba configurado para alertar sobre comportamientos anormales, la falta de análisis de estas alertas impidió la detección proactiva y la resolución de problemas antes de que afectasen significativamente al rendimiento del sistema.

5. Resumen

Las medidas de contención, también conocidas como *workarounds,* son soluciones temporales implementadas para mantener la operatividad de los servicios de mensajería electrónica mientras se trabaja en la resolución definitiva de incidentes. Estas medidas son claves en la gestión de incidentes, ya que minimizan el impacto sobre los servicios y los usuarios finales. La implementación de un *workaround* comienza con la identificación precisa del problema, seguido de la creación de una solución temporal que asegure la continuidad del servicio. Es fundamental supervisar el sistema después de aplicar el *workaround*, para confirmar su eficacia y asegurar que no surjan nuevos problemas. Además, es importante comunicar a los usuarios cualquier cambio en la interacción con el servicio debido al *workaround*.

En el proceso de análisis de causa-raíz se sigue una metodología sistemática para identificar el origen fundamental de los problemas en los servicios de mensajería electrónica. Este proceso incluye la identificación del incidente, la recopilación de datos relevantes, la determinación de la causa primaria mediante diversas técnicas analíticas, la implementación de medidas correctivas, la verificación de su efectividad y, finalmente, la documentación y retroalimentación para la mejora continua. Este análisis es clave para prevenir la reaparición de problemas.

La gestión proactiva de problemas en los sistemas de mensajería electrónica se enfoca en prevenir incidencias antes de que afecten el servicio. Esta gestión incluye la monitorización continua del sistema para detectar anomalías, el análisis de tendencias para identificar posibles futuros problemas, la adopción de medidas preventivas basadas en este análisis, la planificación de la capacidad para satisfacer demandas presentes y futuras, y la realización de pruebas regulares para identificar y solucionar problemas de forma anticipada. La documentación de problemas identificados y las medidas implementadas es esencial para el aprendizaje organizacional y la mejora continua, pues esto asegura la calidad y fiabilidad del servicio.

Ejercicios de repaso y autoevaluación

1. ¿Qué son las acciones de contención o *workarounds?* ¿Cuál es su propósito en la gestión de incidentes?

2. ¿Cuál es el primer paso para aplicar un *workaround* en un servicio de mensajería electrónica?

3. ¿Qué acción específica se debe realizar después de implementar un *workaround?*

4. ¿Qué *workaround* se aplicaría en caso de un fallo de servidor en un servicio de mensajería electrónica?

5. ¿Cuál de los siguientes objetivos corresponde al *workaround* de limitar temporalmente el número de solicitudes de usuario?

    a. Prevenir la caída del sistema por sobrecarga.
    b. Aumentar la capacidad de almacenamiento.
    c. Mejorar la velocidad de respuesta del servidor.
    d. Reducir los costos operativos.

6. ¿Qué medida se debe tomar si un sistema de mensajería presenta errores de *software?*

_____

_____

7. ¿Cuál es el *workaround* que se puede aplicar en caso de problemas de conectividad en servicios de mensajería electrónica?

_____

_____

8. ¿Qué *workaround* ayudaría a proteger la información de los usuarios ante un fallo de seguridad?

_____

_____

_____

_____

9. Describa un *workaround* aplicable cuando hay retrasos en la entrega de mensajes en un servicio de mensajería electrónica.

_____

_____

_____

_____

10. ¿Cuál de los siguientes no es un objetivo de los *workarounds* en la gestión de incidentes?

     a. Mantener la continuidad del servicio.
     b. Acelerar los tiempos de respuesta definitiva.
     c. Aumentar permanentemente la capacidad del sistema.
     d. Proteger la información y los datos de usuario.

11. ¿Qué es el análisis de causa-raíz en el contexto de la gestión de incidentes en mensajería electrónica?

_____

_____

_____

_____

12. Mencione una actividad que se realiza durante el proceso de análisis de causa-raíz.

_____

_____

_____

_____

13. ¿Qué método de análisis de causa-raíz es conocido por su enfoque en preguntar repetidamente los porqués hasta alcanzar la causa fundamental?

_____

_____

14. Explique cómo contribuyen las pruebas regulares a la gestión proactiva de problemas en los sistemas de mensajería electrónica.

_____

_____

_____

_____

15. ¿Cuál de los siguientes pasos no forma parte de la monitorización continua en la gestión proactiva de problemas?

    a. Establecer umbrales de comportamiento normal.
    b. Aumentar la frecuencia de las comunicaciones de _marketing._
    c. Revisar y analizar las alertas generadas.
    d. Poner en práctica acciones correctivas o registrar problemas para investigaciones detalladas.

Capítulo 7

Análisis y utilización de herramientas para la resolución de incidencias

Contenido

1. Introducción

La auditoría y la resolución de incidencias son procesos esenciales para garantizar la fiabilidad de los servicios de mensajería electrónica. Estos procesos requieren de la aplicación de diversas metodologías y herramientas técnicas para identificar y resolver problemas que puedan surgir en la operativa diaria.

La monitorización continua es fundamental para detectar proactivamente anomalías antes de que lleguen a los usuarios finales. Se utilizan sistemas de monitorización que rastrean en tiempo real, indicadores de rendimiento como la disponibilidad del servicio, tiempos de respuesta y tasas de error. Estos sistemas generan alertas automáticas cuando los valores de los indicadores exceden los umbrales preestablecidos, lo que permite que se pueda intervenir rápidamente.

Los archivos de registro *(logs)* proporcionan información detallada sobre las operaciones y posibles incidentes. Su análisis permite identificar patrones anómalos, errores específicos y posibles vulnerabilidades de seguridad. Las herramientas de análisis de *logs* facilitan la interpretación de grandes volúmenes de datos, con los que se puede filtrar, buscar y agrupar la información relevante para diagnosticar y resolver incidencias.

Los sistemas operativos ofrecen una amplia gama de herramientas útiles para la gestión de incidencias, incluyendo utilidades para la monitorización del rendimiento del sistema, la gestión de procesos, el control de la red y la seguridad. El uso eficaz de estas herramientas es esencial para mantener la estabilidad y el rendimiento óptimo del servicio, así como para identificar y mitigar posibles riesgos de seguridad.

Además de las herramientas del sistema operativo, existen aplicaciones específicas diseñadas para la gestión de servicios de mensajería electrónica. Estas aplicaciones incluyen funcionalidades avanzadas para la administración del correo, la filtración de *spam,* la gestión de cuotas y la configuración de políticas de seguridad. Sus herramientas de diagnóstico y resolución de problemas integradas permiten a los administradores de sistemas realizar ajustes finos y resolver incidencias de manera eficiente.

2. Monitorización

La monitorización desempeña un papel esencial en la administración de los servicios de mensajería electrónica. Su propósito principal es identificar de manera proactiva cualquier anomalía o mal funcionamiento que pueda presentarse, lo que permite una intervención rápida antes de que las personas usuarias se vean afectadas.

La monitorización se lleva a cabo mediante sistemas especializados que rastrean en tiempo real varios indicadores de rendimiento. Estos indicadores pueden abarcar la disponibilidad del servicio, los tiempos de respuesta y las tasas de error:

- La disponibilidad del servicio hace referencia a la habilidad del sistema para estar en funcionamiento y accesible cuando las personas usuarias lo requieran.
- Los tiempos de respuesta se refieren al tiempo que el sistema tarda en responder a las solicitudes de las personas usuarias.
- Las tasas de error señalan la frecuencia con la que se producen errores durante las operaciones normales del sistema.

 Nota

Si los tiempos de respuesta tienden a aumentar durante ciertas horas del día, esto podría indicar un problema de capacidad, que necesita ser abordado.

Estos sistemas de monitorización pueden configurarse para generar alertas automáticas cuando los valores de los indicadores superan los umbrales predefinidos. Por ejemplo, si el tiempo de respuesta supera un límite determinado, el sistema puede enviar una alerta al equipo de administración para que investigue y solucione el problema. De esta forma, los problemas pueden ser detectados y corregidos antes de que tengan un impacto significativo en las personas usuarias finales. Además, la monitorización continua permite recoger datos a lo largo del tiempo, lo que puede ser útil para identificar tendencias y patrones.

Ejemplo

Imagine un servicio de correo electrónico como ejemplo:

I Disponibilidad del servicio: el servicio está diseñado para estar disponible el 99,9 % del tiempo. Esto significa que, en un año, el tiempo de inactividad permitido sería de aproximadamente 8,76 horas. Si el servicio está inactivo más de este tiempo, no se está cumpliendo con el objetivo de disponibilidad.
I Tiempos de respuesta: el tiempo de respuesta objetivo para entregar un correo electrónico es de dos segundos. Esto significa que, desde el momento en el que una persona usuaria hace clic en **Enviar** hasta que el correo electrónico llega al servidor del destinatario, no deberían pasar más de dos segundos. Si los correos electrónicos tardan regularmente más de dos segundos en ser entregados, esto podría indicar un problema que necesita ser investigado.
I Tasas de error: la tasa de error objetivo es del 0,1 %. Esto significa que, de cada 1.000 correos electrónicos enviados, se espera que 1 tenga algún tipo de error (por ejemplo, no se entrega, se entrega a la carpeta de spam, etc.). Si la tasa de error es consistentemente mayor que el 0,1 %, esto podría indicar un problema, que necesita ser abordado.

En este escenario, un sistema de monitorización estaría constantemente revisando estos tres indicadores y alertaría al equipo de administración si alguno de ellos no cumple con los objetivos establecidos.

Considere un servicio de chat en tiempo real como otro ejemplo:

I Disponibilidad del servicio: el servicio está diseñado para estar disponible el 99,99 % del tiempo. Esto significa que, en un año, el tiempo de inactividad permitido sería de aproximadamente 52,56 min. Si el servicio está inactivo más de este tiempo, no se está cumpliendo con el objetivo de disponibilidad.
I Tiempos de respuesta: el tiempo de respuesta objetivo para enviar un mensaje de chat es de 1 s. Esto significa que, desde el momento en que una persona usuaria envía un mensaje hasta que el mensaje aparece en el chat, no deberían pasar más de 1 segundo. Si los mensajes tardan regularmente más de 1 segundo en ser enviados, esto podría indicar un problema, que necesita ser investigado.

Continúa en página siguiente >>

<< Viene de página anterior

I Tasas de error: la tasa de error objetivo es del 0,01 %. Esto significa que, de cada 10.000 mensajes enviados, se espera que 1 tenga algún tipo de error (por ejemplo, no se envía, se envía al chat incorrecto, etc.). Si la tasa de error es consistentemente mayor que el 0,01 %, esto podría indicar un problema, que necesita ser abordado.

En este escenario, un sistema de monitorización estaría constantemente revisando estos tres indicadores y alertaría al equipo de administración si alguno de ellos no cumple con los objetivos establecidos.

La monitorización permite identificar y resolver proactivamente cualquier anomalía antes de que afecte a los usuarios finales. *PRTG (Paessler Router Traffic Grapher)* es una herramienta integral que centraliza el monitoreo de toda la infraestructura de TI en un solo panel de control, con lo que proporciona control total sobre los datos y las configuraciones.

Las configuraciones de monitoreo en *PRTG* permiten ajustar la frecuencia de escaneo, detectar y registrar eventos inusuales, gestionar la detección de sensores similares y recomendados, configurar el descubrimiento automático de nuevos dispositivos. Además, *PRTG* incluye opciones para activar funciones experimentales y establecer umbrales de tiempo de actividad. Es una solución completa y personalizable para el monitoreo de redes:

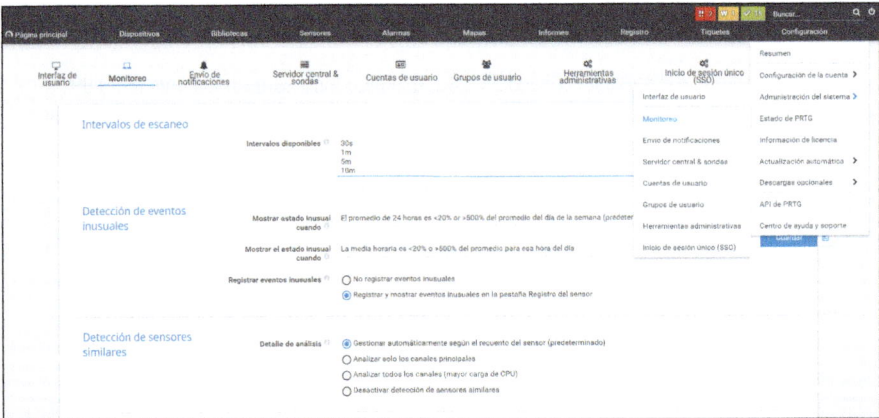

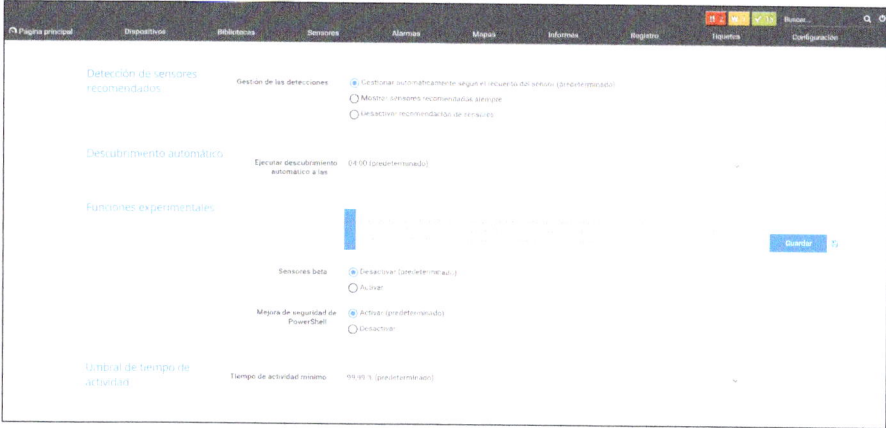

- **Intervalos de escaneo:** permiten definir la frecuencia con la cual *PRTG* realiza escaneos de los sensores de red. Las opciones mostradas son 30 s, 1 min, 5 min y 10 min.
- **Detección de eventos inusuales:**

  - **Mostrar estado inusual cuando:** configura el umbral para considerar un evento como inusual si el promedio de 24 h es menor al 20 % o mayor al 500 % del promedio del día de la semana.
  - **Mostrar el estado inusual cuando:** define la condición de inusualidad basada en la media horaria, si es menor al 20 % o mayor al 500 % del promedio para esa hora del día.
  - **Registrar eventos inusuales:** permite habilitar o deshabilitar el registro de eventos inusuales. La opción seleccionada es **Registrar y mostrar eventos inusuales** en la pestaña **Registro del sensor.**

- **Detección de sensores similares.** Detalle de análisis:

  - **Gestionar automáticamente según el recuento del sensor (predeterminado):** *PRTG* administra automáticamente la detección de sensores similares.
  - **Analizar solo los canales principales:** solo se analizan los canales principales, con lo que se reduce la carga de análisis.
  - **Analizar todos los canales (mayor carga de CPU):** se analizan todos los canales, lo que aumenta la carga en la CPU.

- **Desactivar detección de sensores similares:** desactiva la función de detección de sensores similares.

■ **Detección de sensores recomendados.** Gestión de las detecciones:

- **Gestionar automáticamente según el recuento del sensor (predeterminado):** *PRTG* maneja la detección de sensores recomendados basándose en la configuración predeterminada.
- **Mostrar sensores recomendados siempre:** *PRTG* siempre muestra los sensores recomendados.
- **Desactivar recomendación de sensores:** desactiva la recomendación de sensores.

■ **Descubrimiento automático:**

- **Ejecutar descubrimiento automático:** configura la hora para ejecutar el descubrimiento automático de dispositivos y sensores en la red.

■ **Funciones experimentales:**

- Sensores beta:

  - **Desactivar (predeterminado):** los sensores beta están desactivados por defecto. Son características en prueba que podrían no funcionar correctamente.
  - **Activar:** permite activar los sensores beta para probar nuevas funcionalidades experimentales.

- Mejora de seguridad de *PowerShell:*

  - **Activar (predeterminado):** la mejora de seguridad para *Power-Shell* está activada por defecto.
  - **Desactivar:** desactiva la mejora de seguridad para *PowerShell.*

- **Umbral de tiempo de actividad:**

  - **Tiempo de actividad mínimo:** define el porcentaje mínimo de tiempo de actividad esperado para los dispositivos monitorizados. Está configurado al 99,99 % (predeterminado).

En el ámbito de los servicios de correo electrónico, se emplean distintos sistemas de monitorización para controlar en tiempo real varios indicadores clave de rendimiento. A continuación, se ofrece una tabla que resume los principales tipos de sistemas de monitorización utilizados:

Tipo de sistema de monitorización	Descripción
Sistemas de monitorización de rendimiento	Supervisan aspectos como el uso de la CPU, la memoria, el disco y la conectividad de red. Esto facilita a los administradores del sistema la observación del funcionamiento en tiempo real.
Sistemas de monitorización de red	Habilitan la supervisión del tráfico de red, ayudando a identificar problemas de conectividad y a garantizar la comunicación efectiva de los servicios de mensajería electrónica.
Sistemas de monitorización de seguridad	Se enfocan en defender los servicios de correo electrónico de amenazas externas mediante la implementación de *firewalls*, escáneres de vulnerabilidad y *software* antivirus.
Sistemas de monitorización de servicios de red	Permiten la supervisión de servicios de red específicos como SMTP, POP3, HTTP y SNMP, entre otros.
Sistemas de monitorización de la experiencia del usuario	Se especializan en evaluar la experiencia de usuario para anticiparse a problemas que puedan afectarla.
Sistemas de gestión de servicios de negocio (BSM)	Van más allá, enfocándose en cómo la monitorización afecta desde la perspectiva del negocio, integrando la tecnología con los objetivos comerciales.

PRTG en la auditoría y resolución de incidencias permite un monitoreo continuo y en tiempo real de los componentes críticos de la red, incluidos los servidores de correo electrónico (Exchange, SMTP, IMAP, POP3), lo que asegura que cualquier problema o caída en los servicios de mensajería electrónica se detecte de inmediato para mantener la continuidad del negocio. Configura alertas y notificaciones automáticas para informar al equipo de TI sobre cualquier incidencia o comportamiento inusual en los servicios de mensajería electrónica, lo que permite una respuesta rápida para resolver problemas antes de que afecten a los usuarios finales. Genera informes detallados sobre el rendimiento y la disponibilidad de los servicios de mensajería, lo que sirve de ayuda en la auditoría de estos servicios con métricas sobre el tiempo de actividad, tiempos de respuesta y uso de recursos, proporcionando datos valiosos para la toma de decisiones. Mantiene un registro detallado de todas las incidencias y cambios en la red, esencial para la auditoría y el análisis forense. Esto ayuda a identificar patrones de fallos y a mejorar la infraestructura para prevenir futuros problemas.

A continuación, se detalla cómo cada sección principal de *PRTG* se relaciona con la auditoría y resolución de incidencias en los servicios de mensajería electrónica:

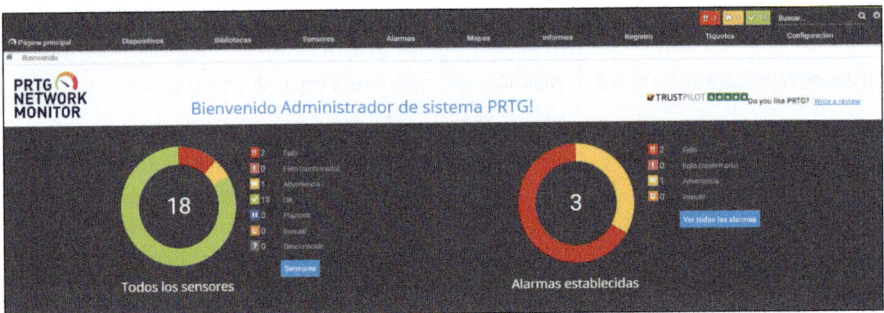

1. Dispositivos:

▪ Permite monitorear todos los dispositivos relacionados con los servicios de mensajería electrónica, como servidores de correo y *firewalls*.

▪ Ayuda a identificar rápidamente el origen de los problemas y a evaluar el estado general de la infraestructura.

2. Bibliotecas:

▪ Las bibliotecas permiten agrupar sensores específicos para los servicios de mensajería, lo que facilita el acceso y la gestión.

▪ Proporciona una visión consolidada de todos los sensores relevantes para la mensajería electrónica.

3. Sensores:

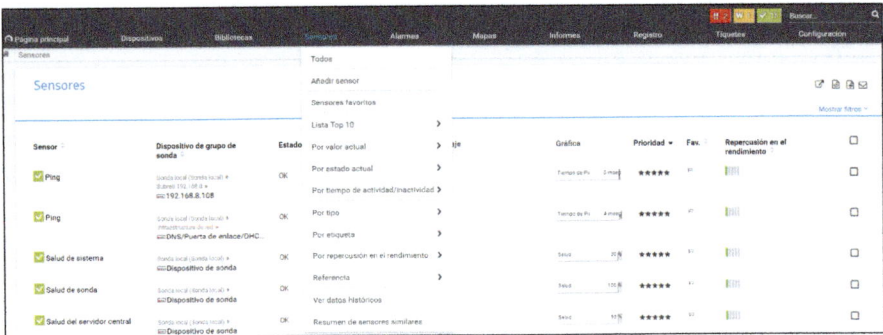

▪ Monitorea métricas clave como el tiempo de respuesta del servidor de correo, el estado de los servicios SMTP, IMAP, y POP3, y la disponibilidad de certificados SSL.

▪ Facilita la detección de problemas de rendimiento y disponibilidad en los servicios de mensajería.

4. Alarmas:

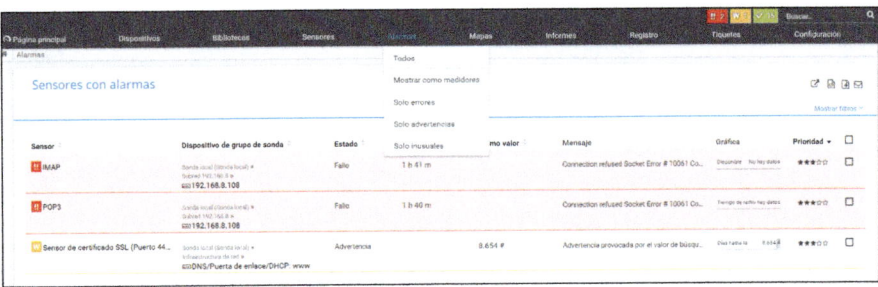

▪ Configura alarmas específicas para problemas en los servicios de mensajería, como fallos en la entrega de correos o tiempos de respuesta elevados.

▪ Permite una respuesta proactiva a problemas antes de que se conviertan en incidentes mayores.

5. Mapas:

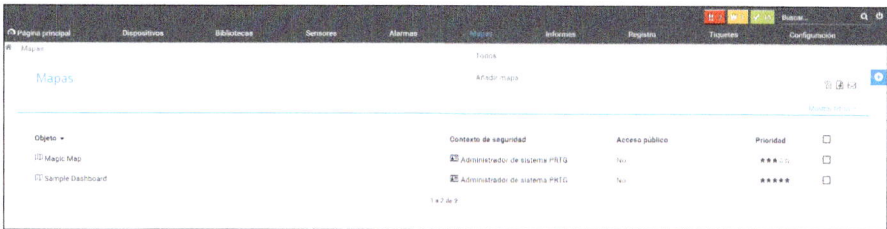

▌ Crea mapas visuales que representan la topología de la red y los servicios de mensajería. Muestra el estado en tiempo real.

▌ Facilita la identificación de problemas y la planificación de cambios en la infraestructura.

6. Informes:

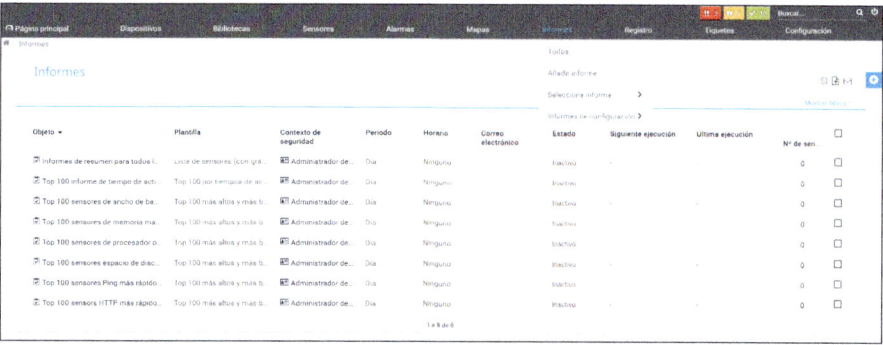

▌ Genera informes periódicos sobre el rendimiento y la disponibilidad de los servicios de mensajería.

▌ Proporciona datos históricos que son esenciales para la auditoría y la optimización continua de los servicios.

7. Registro *(logs)*:

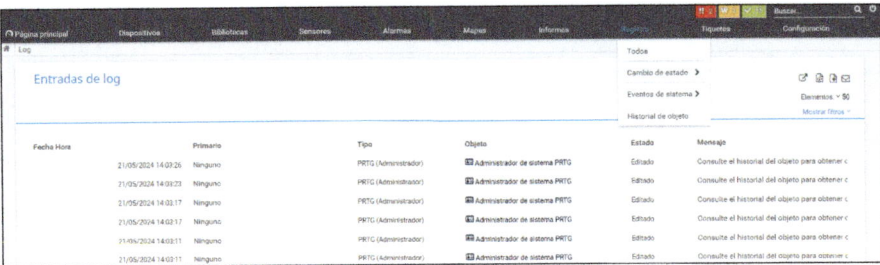

▪ Mantiene un historial completo de todos los eventos y cambios en la infraestructura, incluyendo los servicios de mensajería.

▪ Estos registros son fundamentales para la auditoría, pues permiten rastrear el origen de los problemas y evaluar el impacto de los cambios.

Aplicación práctica

En una empresa de desarrollo de *software* se han reportado problemas de retraso en la entrega de correos electrónicos, que afectan a la comunicación con clientes importantes. La empresa ha implementado *PRTG* para monitorear su infraestructura de TI; aun así, los problemas persisten.

¿Qué aspecto de la configuración de *PRTG* podría estar fallando para que no esté identificando y alertando sobre estos problemas?

SOLUCIÓN

La configuración que probablemente necesite revisión en *PRTG* para abordar eficazmente los problemas de retraso en la entrega de correos es la de las alarmas. Es posible que las alarmas no estén configuradas para detectar específicamente los problemas de latencia en los tiempos de respuesta del servidor de correo. Si las alarmas solo están configuradas para fallos totales o errores críticos, los retrasos podrían no activar una alerta.

Actividades

1. ¿Cómo contribuye *PRTG* a la gestión proactiva de problemas en los servicios de mensajería electrónica mediante la monitorización en tiempo real?
2. ¿Qué funcionalidades ofrece *PRTG* para ajustar y personalizar la monitorización de la infraestructura de TI, específicamente en lo que respecta a los intervalos de escaneo y la detección de eventos inusuales?
3. ¿De qué manera *PRTG* facilita la respuesta rápida a incidencias en los servicios de mensajería electrónica a través de sus configuraciones de alertas y notificaciones automáticas?

3. *Logs*

Los archivos de registro *(logs)* representan un componente esencial en la auditoría y resolución de incidencias en los servicios de mensajería electrónica. Ofrecen un registro exhaustivo de todas las operaciones llevadas a cabo por el sistema, así como de cualquier incidente que pueda haberse producido.

Los *logs* pueden albergar una diversidad de información, incluyendo detalles sobre los mensajes transmitidos y recibidos, fallos del sistema, intentos de acceso y modificaciones en la configuración del sistema. Esta información puede ser de gran utilidad para identificar y solucionar problemas.

El análisis de los *logs* facilita la identificación de patrones de comportamiento anómalos, errores concretos y posibles vulnerabilidades de seguridad. Por ejemplo, si un error específico se repite con frecuencia, esto alertaría de un problema subyacente que necesita ser tratado.

Importante

Que los *logs* reflejen un número inusualmente elevado de intentos de acceso fallidos, sugeriría que hay un intento de ataque a la seguridad del sistema.

El análisis de los *logs* en un servicio de mensajería electrónica seguiría los siguientes pasos:

- **Recolección.** Los servicios de mensajería electrónica generan *logs* que registran todas las operaciones realizadas por el sistema. Estos *logs* se recogen, se almacenan y después son analizados.
- **Preprocesamiento.** Los *logs* se preprocesan para analizarlos con más facilidad, lo cual puede incluir la eliminación de entradas irrelevantes, la normalización de formatos de fecha y hora, y la conversión de datos en un formato más manejable.
- **Análisis.** Se utilizan herramientas de análisis de *logs* para examinar los datos, que pueden filtrar, buscar y agrupar la información relevante. Por ejemplo, se pueden buscar errores específicos o patrones de comportamiento anómalos.
- **Identificación de errores frecuentes.** Que un error específico aparezca repetidamente en los *logs* indicaría que hay un problema subyacente que necesita ser abordado. En este caso, se investigaría el error para determinar su causa y encontrar una solución.
- **Detección de intentos de acceso fallidos.** Que los *logs* reflejen un número inusualmente elevado de intentos de acceso fallidos sugeriría un intento de ataque a la seguridad del sistema. En este caso, se tomarían medidas para proteger el sistema, como bloquear la dirección IP desde la que se originan los intentos de acceso fallidos o reforzar las políticas de autenticación.
- **Resolución de problemas.** Una vez identificados los problemas, se han de tomar medidas para resolverlos. Esto puede incluir la corrección de errores de *software,* la mejora de la seguridad del sistema o la optimización del rendimiento del sistema.

■ **Seguimiento.** Después de implementar las soluciones, se realiza un seguimiento, para asegurar que los problemas se han resuelto de manera efectiva. Esto puede implicar la monitorización continua de los *logs,* para verificar que los errores no se repiten y que no se producen nuevos intentos de acceso fallidos.

El análisis de los *logs* facilita la identificación de patrones de comportamiento anómalos, errores concretos y posibles vulnerabilidades de seguridad. Por ejemplo, si un error específico se repite con frecuencia en los *logs,* esto podría señalar un problema subyacente que necesita ser tratado.

Las herramientas de análisis de *logs* son fundamentales para gestionar y comprender la gran cantidad de datos que estos archivos pueden generar. Estas herramientas permiten filtrar y buscar información específica, lo que facilita la identificación de problemas. También pueden agrupar la información de forma que sea más sencilla de interpretar, lo cual permite a quien administre los sistemas observar tendencias y patrones a lo largo del tiempo.

Los servicios de mensajería electrónica generan logs que registran todas las operaciones realizadas por el sistema. En *PRTG,* estos *logs* se recolectan y almacenan automáticamente, lo que proporciona un historial detallado de todas las actividades.

En *PRTG,* los logs pueden ser filtrados para mostrar solo la información relevante. Esto incluye opciones como *Cambio de estado,* donde se puede seleccionar entre estados como *OK y fallo, Fallo, Advertencia, Inusual, OK* y *Pausado/Resumido,* así como confirmar alarmas. Esto facilita la eliminación de entradas irrelevantes y la normalización de datos para que sean más manejables:

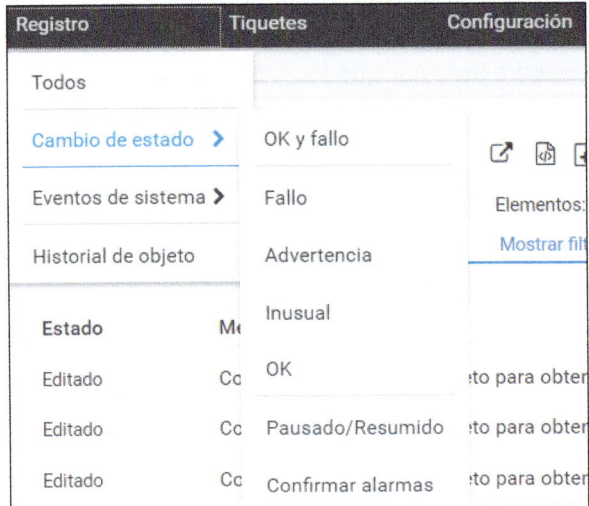

Se utilizan herramientas de análisis de *logs* en *PRTG* para examinar los datos. Las opciones **Eventos de sistema** permiten filtrar los *logs* relacionados con la sonda, el descubrimiento automático, las notificaciones y los mensajes de estado. Estas herramientas permiten buscar y agrupar información relevante, identificando errores específicos o patrones anómalos:

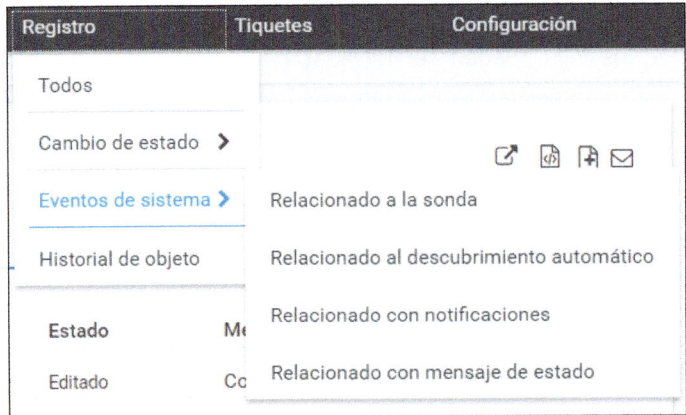

Si un error específico aparece repetidamente en los *logs, PRTG* ayuda a resaltar estos problemas subyacentes para que puedan ser investigados y resueltos adecuadamente.

Los *logs* en *PRTG* también reflejan intentos de acceso fallidos, lo cual permite detectar posibles intentos de ataque a la seguridad del sistema. Las medidas que se pueden tomar para proteger el sistema son el bloqueo de las direcciones IP sospechosas o el refuerzo de las políticas de autenticación.

Una vez identificados los problemas a través del análisis de *logs,* se pueden tomar medidas correctivas, tales como la corrección de errores de *software,* la mejora de la seguridad del sistema o la optimización del rendimiento.

 ## Aplicación práctica

En una empresa que ofrece servicios de mensajería electrónica, el equipo de TI ha observado un aumento en los informes de comportamientos anómalos dentro de su sistema, como tiempos de respuesta lentos y errores de acceso. Para abordar estos problemas, se ha decidido realizar un análisis exhaustivo de los *logs* del sistema para identificar y resolver las causas subyacentes.

Se le ha encargado llevar a cabo un análisis de *logs,* siguiendo los pasos establecidos por la empresa para identificar posibles errores y vulnerabilidades de seguridad.

Los pasos seguidos han sido:

I Recolección de *logs:* se recopilaron los *logs* generados por el sistema, que incluyen todas las operaciones realizadas.
I Preprocesamiento de *logs:* los *logs* se procesaron para eliminar entradas irrelevantes y normalizar los datos.
I Análisis de *logs:* se utilizó *software* especializado para filtrar y buscar errores específicos y patrones de comportamiento anómalos.
I Identificación de errores frecuentes: se detectó un error que aparecía repetidamente, lo que indicó un posible fallo en la autenticación de usuarios.
I Detección de intentos de acceso fallidos: se observó un aumento en los registros de intentos de acceso fallidos, especialmente desde direcciones IP extranjeras.

Continúa en página siguiente >>

<< Viene de página anterior

I Resolución de problemas: se implementaron correcciones al *software* y se mejoraron las medidas de seguridad.

I Seguimiento: se estableció un protocolo de seguimiento para monitorizar la eficacia de las soluciones aplicadas.

¿Qué paso fue omitido o realizado incorrectamente que podría comprometer la efectividad del análisis de *logs* y, por lo tanto, la seguridad del sistema de mensajería electrónica?

SOLUCIÓN

El paso que parece haber sido omitido en este proceso es la implementación de medidas preventivas inmediatas al detectar un número inusualmente elevado de intentos de acceso fallidos. Mientras que se identificaron y se tomaron medidas para resolver problemas específicos, como los fallos en la autenticación y los intentos de acceso desde direcciones IP sospechosas, la falta de una respuesta inmediata para bloquear las IP sospechosas o reforzar las políticas de autenticación en el momento de la detección podría permitir que los atacantes continúen intentando acceder al sistema.

---

4. Herramientas del sistema operativo

Las herramientas integradas en el sistema operativo son fundamentales para la gestión de incidencias en los servicios de mensajería electrónica. Estas herramientas ofrecen funcionalidades que pueden ser utilizadas para mantener la estabilidad y optimizar el rendimiento del servicio.

Entre estas herramientas se encuentran utilidades para la supervisión del rendimiento del sistema, que permiten a las personas administradoras del sistema observar en tiempo real su funcionamiento, incluyendo el uso de la CPU, la memoria, el disco y la red. Esto puede ser útil para identificar problemas de rendimiento o cuellos de botella que puedan estar afectando a los servicios de mensajería electrónica.

Las herramientas para la administración de procesos son otra parte importante de las herramientas del sistema operativo. Estas permiten a las personas administradoras del sistema ver qué procesos están en ejecución, cuánto de los recursos del sistema están utilizando y si algún proceso está causando problemas. En caso de que un proceso esté causando problemas, estas herramientas permiten terminarlo o reiniciarlo.

Las herramientas de gestión de la red permiten a las personas administradoras del sistema supervisar el tráfico de red, identificar posibles problemas de conectividad y asegurar que los servicios de mensajería electrónica pueden comunicarse eficazmente con otros sistemas.

Por último, las herramientas de seguridad son esenciales para proteger los servicios de mensajería electrónica de amenazas externas. Estas herramientas pueden incluir cortafuegos, escáneres de vulnerabilidades y *software* antivirus.

La siguiente tabla describe los procesos específicos de algunas herramientas integradas en el sistema operativo, fundamentales para la gestión de incidencias en los servicios de mensajería electrónica, con ejemplos de cómo pueden ser aplicadas para mantener la estabilidad y optimizar el rendimiento del servicio:

Herramienta	Descripción	Ejemplo de uso
Herramientas de supervisión del rendimiento	Permiten la observación en tiempo real del funcionamiento del sistema, incluyendo el uso de la CPU, la memoria, el disco y la red.	Utilizar el monitor de recursos en *Windows* o el comando **top** en *Linux* para mostrar en tiempo real los procesos en ejecución.
Herramientas de administración de procesos	Facilitan la visualización de los procesos en ejecución y el consumo de recursos del sistema, con el objeto de terminar o reiniciar procesos problemáticos.	Emplear el administrador de rareas en *Windows* o el comando **ps** en *Linux* para encontrar y terminar un proceso que consume demasiados recursos.
Herramientas de gestión de la red	Posibilitan el monitoreo del tráfico de red, identifican problemas de conectividad y aseguran la comunicación efectiva de los servicios de mensajería electrónica.	Usar *Wireshark* o similares para monitorear el tráfico de red y detectar posibles problemas de conectividad que afecten al servicio de correo.

Continúa en página siguiente >>

<< Viene de página anterior

Herramienta	Descripción	Ejemplo de uso
Herramientas de seguridad	Son esenciales para salvaguardar los servicios de mensajería electrónica frente a amenazas externas. Incluyen cortafuegos, escáneres de vulnerabilidades y *software* antivirus.	Implementar un cortafuegos para bloquear accesos no autorizados, utilizar escáneres de vulnerabilidades para detectar y corregir fallos de seguridad, y *software* antivirus para prevenir infecciones de *malware*.

5. Herramientas de las aplicaciones

Las herramientas específicas de las aplicaciones son un elemento fundamental en la gestión de los servicios de mensajería electrónica. Estas herramientas, diseñadas específicamente para la administración de estos servicios, ofrecen una serie de funcionalidades avanzadas que pueden ser empleadas para mantener y optimizar la calidad del servicio.

Estas aplicaciones incorporan funcionalidades para la administración del correo, como la gestión de cuentas de usuario, la configuración de reglas de enrutamiento del correo y la implementación de políticas de retención de mensajes. Esto permite a las personas administradoras del sistema gestionar de manera eficaz el flujo de mensajes a través del sistema y garantizar que los mensajes se entregan de forma oportuna y segura.

Otra funcionalidad relevante es la filtración de *spam*. Estas herramientas de filtración emplean técnicas, como listas negras, filtros de contenido y aprendizaje automático, para identificar y bloquear mensajes no deseados. Esto contribuye a mantener la calidad del servicio y proteger a las personas usuarias de correos electrónicos potencialmente perjudiciales o fraudulentos.

Las herramientas de las aplicaciones también pueden incorporar funcionalidades para la gestión de cuotas. Esto permite a las personas administradoras del sistema establecer límites en el uso de recursos, como el espacio de almacenamiento de correo, por parte de las personas usuarias, lo que puede contribuir a prevenir el agotamiento de los recursos y garantizar que el sistema pueda seguir funcionando de manera eficiente.

Además, estas aplicaciones pueden incorporar funcionalidades para la configuración de políticas de seguridad, como la implementación de autenticación de dos factores, el cifrado de mensajes y la protección contra ataques de *phishing.* Esto puede contribuir a proteger los datos de las personas usuarias y mantener la confidencialidad de la información.

Por último, las herramientas de las aplicaciones suelen incorporar herramientas de diagnóstico y resolución de problemas integradas. Estas herramientas permiten a las personas administradoras del sistema identificar y resolver problemas de manera eficiente, minimizando el tiempo de inactividad del servicio y mejorando la experiencia de las personas usuarias.

La siguiente tabla proporciona una descripción general de las herramientas integradas en el sistema operativo. Esta tabla clasifica las herramientas según su funcionalidad principal, ofreciendo detalles sobre cómo cada tipo de herramienta contribuye a la supervisión y optimización del rendimiento del sistema, la administración de procesos, la gestión de la red y la seguridad. Además, se incluyen ejemplos específicos de uso para cada categoría de herramienta:

Herramienta	Descripción	Ejemplo de uso
Gestión de cuentas de usuario	Permiten administrar las cuentas de usuario, incluyendo la creación, modificación y eliminación de cuentas, así como la configuración de reglas de enrutamiento y políticas de retención.	Usar estas herramientas para configurar automáticamente las reglas de enrutamiento de correos según el departamento de la persona usuaria.
Filtración de *spam*	Emplean técnicas como listas negras, filtros de contenido y aprendizaje automático para identificar y bloquear correos no deseados, lo que implica una mejora en la seguridad y la calidad del servicio.	Configurar filtros de *spam* que aprenden de los patrones de mensajes previamente marcados como no deseados para mejorar la precisión en la detección.

Continúa en página siguiente >>

<< Viene de página anterior

Herramienta	Descripción	Ejemplo de uso
Gestión de cuotas	Establecen límites en el uso de recursos por parte de las personas usuarias, como el espacio de almacenamiento, para prevenir el agotamiento de los recursos y mantener la eficiencia del sistema.	Implementar límites de almacenamiento de correo por usuario para asegurar una distribución equitativa de los recursos del sistema.
Configuración de políticas de seguridad	Incluyen la implementación de medidas de seguridad, como autenticación de dos factores, cifrado de mensajes y protección contra ataques de *phishing*, para proteger los datos y la confidencialidad.	Activar la autenticación de dos factores para todos los accesos al correo electrónico, con lo que aumenta la seguridad de las cuentas de usuario.
Herramientas de diagnóstico y resolución de problemas	Facilitan la identificación y resolución eficiente de problemas, con lo que minimizan el tiempo de inactividad del servicio y mejoran la experiencia del usuario.	Utilizar herramientas de diagnóstico integradas para detectar rápidamente fallos en la entrega de mensajes y solucionarlos, sin que ello afecte al usuario final.

La siguiente tabla se centra en las herramientas específicas de las aplicaciones diseñadas para la gestión de los servicios de mensajería electrónica. Se detallan las funcionalidades avanzadas que estas herramientas ofrecen para optimizar la calidad del servicio:

Funcionalidad	Herramienta ejemplo	Descripción de la herramienta
Gestión de cuentas de usuario	*Microsoft Exchange Server*	Ofrece amplias funcionalidades para la gestión de correos electrónicos, incluyendo administración avanzada de cuentas de usuario, reglas de enrutamiento y políticas de retención.
Filtración de *spam*	*SpamAssassin*	Es una herramienta de código abierto que utiliza una variedad de mecanismos de filtrado para identificar y bloquear correos electrónicos no deseados.

Continúa en página siguiente >>

<< Viene de página anterior

Gestión de cuotas	*Zimbra*	Proporciona gestión de correo, calendario y colaboración con funcionalidades para establecer y gestionar cuotas de almacenamiento por usuario.
Configuración de políticas de seguridad	*Google Workspace* (anteriormente *G Suite*)	Incluye varias herramientas para empresas, como *Gmail*, que permiten la configuración de políticas de seguridad, como la autenticación de dos factores y el cifrado de mensajes.
Herramientas de diagnóstico y resolución de problemas	*PRTG*	Incluye varias utilidades integradas para diagnosticar y resolver problemas comunes relacionados con la configuración y la conectividad de las cuentas de correo electrónico.
Gestión de servidores de correo	*Postfix*	Un potente servidor de correo electrónico de código abierto utilizado para enviar y recibir correos electrónicos en servidores *Linux*.
Supervisión de servicios de mensajería	*Nagios*	Permite monitorear servidores y servicios de correo electrónico. Envía alertas cuando detecta problemas.
Integración y automatización	*PowerShell*	Un marco de automatización y administración de configuración que puede ser utilizado para gestionar y automatizar tareas de correo electrónico en servidores *Windows*.

 Aplicación práctica

Se le presenta una serie de situaciones en diferentes empresas que necesitan implementar o mejorar sus sistemas de correo electrónico. Basado en las funcionalidades descritas para cada herramienta, decida cuál es la más adecuada para cada contexto específico y justifique cada respuesta:

I **Contexto 1. Empresa de tecnología en expansión.** Una empresa de tecnología está expandiendo rápidamente su equipo de desarrollo y necesita una solución robusta que le permita gestionar eficientemente las cuentas de correo electrónico de los nuevos empleados, incluyendo la administración de cuotas de almacenamiento y las políticas de retención de correos.

Continúa en página siguiente >>

<< Viene de página anterior

- **Contexto 2.** *Startup* **de comercio electrónico.** Un *startup* de comercio electrónico ha estado recibiendo una cantidad abrumadora de correos no deseados que están afectando a la productividad de sus empleados. Buscan una solución que pueda integrarse fácilmente con su actual servidor de correo para filtrar y bloquear estos correos no deseados.
- **Contexto 3. Agencia gubernamental.** Una agencia gubernamental necesita actualizar su sistema de correo electrónico para mejorar la seguridad, debido a preocupaciones sobre la protección de datos sensibles. Están interesados en una herramienta que les permita implementar políticas de seguridad estrictas y modernas.

SOLUCIÓN

Empresa de tecnología en expansión:
Herramienta óptima: *Zimbra*
Justificación: *Zimbra* es ideal para esta situación, ya que proporciona una solución integral de gestión de correo que incluye no solo correo electrónico, sino también calendario y colaboración, junto con funcionalidades específicas para gestionar las cuotas de almacenamiento por usuario. Esto ayudará a la empresa a administrar eficientemente el aumento de personal y sus necesidades de comunicación.

Startup de comercio electrónico:
Herramienta óptima: *SpamAssassin*
Justificación: *SpamAssassin* es una herramienta de código abierto especializada en la filtración de *spam.* Puede integrarse con cualquier servidor de correo existente para proporcionar una defensa efectiva contra los correos electrónicos no deseados, con lo que se mejora la productividad, al reducir la interrupción que el *spam* puede causar.

Agencia gubernamental:
Herramienta óptima: *Google Workspace*
Justificación: *Google Workspace* ofrece robustas opciones de seguridad, incluyendo la autenticación de dos factores y el cifrado de mensajes, lo que es crucial para una agencia gubernamental preocupada por la seguridad de datos sensibles. Además, siendo una plataforma reconocida, ofrece garantías adicionales de cumplimiento y seguridad que son esenciales para las entidades gubernamentales.

Actividades

4. ¿Cómo facilitan las herramientas de gestión de cuentas de usuario la administración del flujo de mensajes y la entrega segura en los sistemas de mensajería electrónica?
5. ¿Qué técnicas emplea la herramienta de filtración de *spam SpamAssassin* para mejorar la seguridad y la calidad del servicio en la gestión de correos electrónicos?
6. ¿De qué manera contribuyen las herramientas de diagnóstico y resolución de problemas, como *PRTG*, a minimizar el tiempo de inactividad del servicio y mejorar la experiencia del usuario en los servicios de mensajería electrónica?

6. Resumen

La monitorización en la administración de servicios de mensajería electrónica es fundamental para identificar proactivamente anomalías o malfuncionamientos, pues permite efectuar una intervención rápida antes de que el problema llegue a los usuarios. Se realiza a través de sistemas especializados que vigilan indicadores de rendimiento como la disponibilidad del servicio, los tiempos de respuesta y las tasas de error, configurados para generar alertas automáticas cuando se superan umbrales predefinidos. Esto facilita la detección y la corrección de problemas a tiempo, además de permitir el análisis de datos para identificar tendencias y patrones que requieran atención.

Los sistemas de monitorización varían desde los que supervisan el rendimiento del sistema (incluyendo el uso de recursos como CPU y memoria) hasta aquellos enfocados en la seguridad (como *firewalls* y antivirus), pasando por sistemas dedicados a la monitorización de servicios de red específicos y la experiencia del usuario. La gestión de servicios de negocio (BSM) integra la monitorización con objetivos comerciales, lo que proporciona una perspectiva más amplia del impacto de los servicios de mensajería electrónica en el negocio.

Los archivos de registro *(logs)* son fundamentales para la auditoría y resolución de incidencias, ya que ofrecen un registro detallado de las operaciones del sistema y posibles anomalías. Su análisis ayuda a identificar comportamientos anómalos, errores específicos y potenciales vulnerabilidades de seguridad, todo lo cual facilita la toma de las medidas correctivas pertinentes.

Por último, las herramientas específicas de las aplicaciones ofrecen funcionalidades avanzadas para la administración eficaz de estos servicios, incluyendo la gestión de cuentas de usuario, la filtración de *spam,* el establecimiento de cuotas de uso y la configuración de políticas de seguridad, así como herramientas de diagnóstico y resolución de problemas integradas. Estas herramientas son esenciales para garantizar la entrega eficiente y segura de mensajes, proteger contra mensajes no deseados o maliciosos, y asegurar una gestión eficaz de los recursos del sistema.

Ejercicios de repaso y autoevaluación

1. ¿Cuál es el objetivo principal de la monitorización en la administración de servicios de mensajería electrónica?

2. Nombre un indicador de rendimiento comúnmente rastreado en los sistemas de monitorización de servicios de mensajería electrónica.

3. ¿Qué acción se toma cuando un sistema de monitorización detecta que un indicador excede de un umbral predefinido?

4. Mencione tres tipos de sistemas de monitorización utilizado en los servicios de mensajería electrónica y describe sus funciones.

5. ¿Cómo puede la monitorización continua ayudar a identificar problemas de capacidad en un servicio de mensajería electrónica?

6. ¿Qué es un *log* en el contexto de los servicios de mensajería electrónica y qué tipo de información puede contener?

7. Nombre tres pasos importantes en el análisis de los *logs* de un servicio de mensajería electrónica.

8. ¿Qué característica de seguridad es posible configurar en *Google Workspace* para proteger las cuentas de correo electrónico?

   a. Cifrado de mensajes y autenticación de dos factores
   b. Supervisión constante del tráfico de correo electrónico
   c. Diagnóstico automático de problemas de conectividad
   d. Redirección automática de correo a servidores alternativos

9. ¿Cuál es la utilidad de las herramientas de supervisión del rendimiento en la gestión de servicios de mensajería electrónica?

10. ¿Cómo pueden las herramientas de administración de procesos ayudar a optimizar el rendimiento en los servicios de mensajería electrónica?

11. ¿Cuál es la función principal de *Nagios* en la gestión de servicios de mensajería?

    a. Facilitar la creación y configuración de cuentas de correo electrónico.
    b. Monitorear servidores y servicios de correo electrónico, y enviar alertas en caso de detectar problemas.
    c. Ofrecer herramientas de diagnóstico y resolución de problemas para servidores de correo.
    d. Permitir la autenticación de dos factores y el cifrado de correos electrónicos.

12. ¿Qué tipo de herramientas son cruciales para proteger los servicios de mensajería electrónica de amenazas externas?

13. ¿Cuál de las siguientes no es una función de las herramientas de gestión de cuotas en servicios de mensajería electrónica?

    a. Establecer límites de almacenamiento por usuario.
    b. Incrementar automáticamente la capacidad de almacenamiento sin supervisión.
    c. Prevenir el agotamiento de los recursos.
    d. Mantener la eficiencia del sistema.

14. Explique cómo la filtración de *spam* mejora la calidad del servicio en la mensajería electrónica.

_____

_____

_____

_____

15. ¿Qué beneficio ofrece la configuración de políticas de seguridad en los servicios de mensajería electrónica?

_____

_____

_____

_____

Bibliografía

Monografías

❚ DEL PESO, E. y PIATTINI, M.: *Auditoría informática: un enfoque práctico.* Madrid: Ra- Ma, 2000.

❚ MUSY, J.: *Windows PowerShell: Administrar puestos cliente Windows (2ª edición).* Barcelona: Ediciones ENI, 2021.

❚ ROHAUT, S.: *Linux: Dominar la administración del sistema (5ª edición).* Barcelona: Ediciones ENI, 2021.

Textos electrónicos, bases de datos y programas informáticos

❚ Acceder al Centro de Administración de Microsoft 365, de: <https://ayuda.acens.com/hc/es/articles/360015636437-Acceder-al-Centro-de-Administraci%C3%B3n-de-Microsoft-365>.

❚ Administrar el almacenamiento de correo electrónico con buzones de archivo en línea, de: <https://support.microsoft.com/es-es/office/administrar-el-almacenamiento-de-correo-electr%C3%B3nico-con-buzones-de-archivo-en-l%C3%ADnea-1cae7d17-7813-4fe8-8ca2-9a5494e9a721>.

❚ Administrar todos los buzones y el flujo de correo mediante *Microsoft 365* o *Office 365,* de: <https://learn.microsoft.com/es-es/exchange/mail-flow-best-practices/manage-mailboxes-using-microsoft-365-or-office-365>.

▌Análisis de causa-raíz: explora y encuentra soluciones efectivas (con ejemplos), de: <https://asana.com/es/resources/root-cause-analysis-template>.

▌Análisis de *logs,* de: <https://labateriarecargable.com/noticias-negocio-online/glosario/analisis-de-logs/#:~:text=El%20an%C3%A1lisis%20de%20logs%20es,en%20los%20procesos%20de%20rastreo>.

▌Auditoría del *e-mail:* qué es y cómo funciona, de: <https://mailup.es/blogs/email-auditorias/>.

▌Balanceadores de carga: así puedes mejorar el rendimiento de tu web, de: <https://www.redeszone.net/tutoriales/servidores/balanceador-carga-load-balancer-que-es-funcionamiento/>.

▌¿Cómo puedo configurar una dirección de correo electrónico de iCloud.com?, de: <https://support.microsoft.com/es-es/office/-c%C3%B3mo-puedo-configurar-una-direcci%C3%B3n-de-correo-electr%C3%B3nico-de-icloud-com-fdaf09a5-eee6-4c68-a19f-5e5b8230319f>.

▌Controlar el almacenamiento de mensajes de correo electrónico, de: <https://support.google.com/a/answer/151128?hl=es-419>.

▌Copia de seguridad o respaldo, de: <https://www.computerweekly.com/es/definicion/Copia-de-seguridad-o-respaldo>.

▌Copias de seguridad completa, diferencial e incremental. ¿Cuál elegir?, de: <https://www.datos101.com/blog/copia-de-seguridad-completa-diferencial-e-incremental-diferencias/>.

▌Correo electrónico, de: <https://www.tecnozero.com/firewall/correo-electronico/>.

▌Descripción del producto *Zimbra Collaboration,* de: <https://s3.amazonaws.com/files.zimbra.com/public/collateral/Zimbra%20Collaboration%20Product%20Overview-ES.pdf>.

❚ El *software*. Sistemas operativos y aplicaciones básicas, de: <https://sites.google.com/iessanjeronimo.es/tecnositesanjeronimo/1%C2%BA-e-s-o-alfabetizaci%C3%B3n-digital/unidad-1-el-ordenador-hardware-y-software/el-software-sistemas-operativos-y-aplicaciones-b%C3%A1sicas>.

❚ El monitoreo de red: garantizando la estabilidad y el rendimiento, de: <https://www.accessq.com.mx/monitoreo-de-red/>.

❚ Escalabilidad en sistemas de *e-mail*, de: <https://ucema.edu.ar/publicaciones/download/documentos/188.pdf>.

❚ Gestión reactiva de problemas vs gestión proactiva de problemas, de: <https://manageengine.com.mx/servicedesk-plus/gestion-de-problemas-reactiva-vs-proactiva>.

❚ Herramientas de evaluación de redes, de: <https://manageengine.com.mx/opmanager/herramientas-de-evaluacion-de-redes>.

❚ Hospedaje web con filtro antivirus y anti-*phishing*, de: <https://bioxnet.com/soluciones/filtro-antivirus/>.

❚ Inteligencia de amenazas ISO 27002: protección contra amenazas cibernéticas, de: <https://iccsi.com.ar/inteligencia-de-amenazas-iso-27002/?shared=false>.

❚ LSSI-CE: qué es y cómo cumplir con esta Ley. Guía 2024, de: <https://protecciondatos-lopd.com/empresas/lssi-ce/>.

❚ Nueva ISO 27002:2022, de: <https://www.isotools.us/2022/11/10/control-de-inteligencia-de-amenazas-de-la-nueva-iso-27002/>.

❚ Organiza y gestiona tu correo de forma productiva (con *Gmail)*, de: <https://soka.gitlab.io/blog/post/2021-02-04-curso-inboxzero-gtdgmail-5sdigitales/docs/Manual%20Gmail-5s.pdf>.

❚ ¿Qué es la autenticación del correo electrónico?, de: <https://www.hostinet.com/formacion/correo-electronico/que-es-autenticacion-correo-electronico/>.

▌ ¿Qué es la recuperación de desastres?, de:
<https://aws.amazon.com/es/what-is/disaster-recovery/>.

▌ ¿Qué es SMTP?, de:
<https://aws.amazon.com/es/what-is/smtp/#:~:text=frente%20a%20TLS-
,%C2%BFQu%C3%A9%20es%20un%20servidor%20SMTP%3F,administra%20
y%20env%C3%ADa%20correos%20electr%C3%B3nicos>.

▌ ¿Qué es un acuerdo de nivel de servicio (SLA, por sus siglas en inglés)?, de:
<https://aws.amazon.com/es/what-is/service-level-agreement/#:~:text=Un%20
acuerdo%20de%20nivel%20de%20servicio%20(SLA)%20es%20un%20
contrato,respuesta%20y%20tiempo%20de%20resoluci%C3%B3n>.

▌ ¿Qué es un filtro web?, de:
<https://latam.kaspersky.com/resource-center/definitions/web-filter>.

▌ ¿Qué es un *workaround?* ¿Cuándo se utiliza?, de:
<https://www.murciastartup.com/articulo/diccionario-startups/que-es-workaround-
cuando-utiliza/20230219195638002399.html>.

▌ ¿Qué son IMAP y POP?, de: <https://support.microsoft.com/es-es/office/-qu%C3%A9-
son-imap-y-pop-ca2c5799-49f9-4079-aefe-ddca85d5b1c9>.

▌ ¿Qué son las analíticas de *logs?,* de: <https://www.elastic.co/es/what-is/log-analytics>.

▌ Sistema de BMS: ¿qué es y para qué sirve?, de:
<https://cinglescomunicacions.com/es/sistema-de-bms-que-es-y-para-que-sirve/>.

▌ *Software* de monitoreo de correo electrónico y herramienta de monitoreo del servidor
de correo, de: <https://www.solarwinds.com/es/server-application-monitor/use-cases/
email-monitor>.